THE HOLY TRINITY

THE VIRGIN OF VLADIMIR

THE SAVIOR OF ZVENIGOROD

THE DESCENT OF THE HOLY SPIRIT

묵상의 영성
주님의 아름다우심을 바라보며 묵상의 영성을 키워가는 법

15주년기념 개정선물판

헨리 나웬
HENRI J. M. NOUWEN
묵상의 영성
BEHOLD THE BEAUTY OF THE LORD

심영혜 옮김

BEHOLD THE BEAUTY OF THE LORD
: praying with icons

by Henri J. M. Nouwen
Published by Ave Maria Press
All Right Reserved.

Korean Translation Copyright ⓒ 2002
by Achim Institute for Spiritual Direction

이 책은 아침영성지도연구원이
Ave Maria Press와 독점 계약하여 새롭게 펴낸 것으로,
저작권법에 따라 한국 안에서 보호를 받는 책이므로
무단전재와 무단복제를 금합니다.

추천의 말

　헨리 나웬, 이분은 내 마음의 고향입니다. 각박한 도시 한복판에서 곤하여 쓰러지려 할 때, 언제든 훌쩍 떠나 새 생명의 기운을 맛보고 돌아올 수 있는 고향, 헨리 나웬은 나에게 바로 이런 고향과도 같은 분입니다.

　사실, 헨리 나웬과의 극적인 만남은 미국 유학시절에 이루어졌습니다. 치유상담을 공부하던 중, 진정한 신앙생활을 가능케 하는 결정적인 무엇인가가 늘 부족해서 영적인 허기를 느끼고 있을 때였습니다. 상담 방법이야 책을 통하여 배울 수도 있다지만, 기갈이 든 신앙은 어찌 달래볼 도리가 없었습니다.

그러다가 어느날 도서관에서 만난 한 위대한 영성신학자를 통하여 제 삶의 놀라운 변화가 일기 시작했습니다. 그분이 바로 헨리 나웬이었습니다.

도서관에서 처음 헨리 나웬의 책을 대했을 때 내 가슴은 심하게 뛰었습니다. 그의 책에서는 지식이 아니라, 생명의 언어가 펄펄 살아 움직이고 있었기 때문입니다. '도대체 어떤 사람이기에 이런 책을 쓸 수 있는 걸까!'

나는 이 책의 저자를 꼭 한번 만나보고 싶었습니다. 그래서 하버드로, 예일로 부지런히 찾아다녔습니다. 노틀담 대학에도 가보았습니다. 하지만 그의 소식을 아는 사람은 아무도 없었습니다.

만일 그때 내가 기필코 그를 찾으려고 했다 해도 만날 수가 없었을 것입니다. 그는 온 세계에서 그를 찾아오는 방문객들을 일체 만나주지 않았기 때문입니다.

결국 그를 만나지 못한 채 나는 고국으로 돌아오고 말았습니다. 하지만 그는 항상 내 마음속 스승으로 남아 있었습니다.

그런데 1990년, 시카고의 맥코믹 신학대학원에 교환교수로 가 있을 때, 그가 캐나다 토론토 북쪽 데이브레이크에서 공동체 생활을 하며 살고 있다는 소식을 들었습니다. 나는 다시 그를 찾아나섰습니다.

당장에 토론토로 날아가서 그에게 전화로 만나줄 것을 요청했습니다. 하지만 그는 정중히 내 요청을 거절했습니다.

나는 간절한 목소리로 "당신은 나의 영적인 스승이며, 한국에서 당신의 사상을 강의하고 있습니다. 내 학생들에게 좀더 진지한 강의를 하기 위해서라도 당신을 꼭 만나보고 싶습니다"라고 말했습니다.

내 정성이 통했는지, 그가 "내일 오후 5시까지 데이브릭으로 올 수 있겠느냐?"고 내게 물었습니다. 그때가 마침 기도하는 시간이기 때문에 30분 정도 시간을 낼 수 있겠다는 것이었습니다.

이튿날 나는 한달음에 데이브릭으로 달려갔습니다. 건장

한 체구의 헨리 나웬이 문앞까지 나와 반갑게 맞아주었습니다. 어린아이같이 순진한 표정으로 맞아주는 그를 보면서 나는 도저히 그가 67세라고 믿어지지 않았습니다. 그만큼 그는 젊고 활기차 보였습니다.

정각 5시, 우리는 그의 서재로 들어갔고, 시간 가는 줄 모르고 이런저런 대화를 나누었습니다. 함께 울기도 하고 웃기도 했습니다. 둘 다 서로의 이야기에 푹 빠져 버린 것입니다. 대화는 이런 식으로 끝없이 이어졌습니다.

우리의 대화는 방문을 두드리는 직원의 노크소리가 날 때까지 계속 이어졌습니다. 내가 그의 서재를 나선 시간에 데이브릭은 이미 캄캄한 어둠에 싸여 있었습니다. 시간을 확인하니 무려 네 시간이나 훌쩍 지나 있었습니다.

인사를 하고 급히 나오는데, 헨리 나웬이 붙잡더니 16권이나 되는 자신의 저서를 내게 억지로 안겨주는 것입니다.

그런 그에게 눈물로 작별을 고하면서 나는 마음속으로 한 가지 다짐을 했습니다. '나도 언젠가는 당신처럼 상처받은 이웃을 위해 살겠습니다'라고.

아무쪼록 이렇게 나의 영적인 순례에 소중한 안테나 역할을 했던 헨리 나웬의 귀한 책이 또다시 몇몇 뜻있는 분들에 의해 이렇게 한국에 소개되는 것을 매우 기쁘게 생각합니다.

그분의 책들은 대부분 짧으면서 긴 여운을 남기고 있습니다. 급한 마음에 책장을 넘기다 보면 아무 것도 발견하지 못할 수도 있습니다.

지식을 채우려는 급한 마음일랑 이제 다 접어두시고, 한 자 한 자 헨리 나웬의 영혼의 숨소리를 느끼시며 따라 읽으십시오.

그러면 어느 순간 치유와 돌봄이 있는 희망의 소리를 이 책을 지은 헨리 나웬으로부터, 여러분의 고독한 내면으로부터, 아니 하늘로부터 듣게 될 것입니다.

부디 이 책 〈묵상의 영성〉을 통하여 우리 모두가 사랑하는 헨리 나웬의 영성이 독자 여러분의 것으로 승화될 수 있기를 빕니다.

그래서 오랜 영적 갈증이 해갈되고, 내면 세계의 아픔과

상처가 치유되며, 이 민족 모든 그리스도인의 영성 생활이 더욱 더 맑고 깊어지기를 간절히 기원합니다.

정태기 박사
(한신대 교수, 크리스찬치유상담연구원장)

감사의 말

1983년 가을에, 나는 처음으로 프랑스의 트로슬리에 갔습니다. 캐나다 사람인 장 바니에가 정신 장애우들을 위하여 라르쉬라는 공동체를 세웠는데, 그곳을 방문하기 위해서였습니다.

만일 거기서 장 바니에를 돕고 있던 바바라 스웨인캠프가 내가 머물던 방 책상 위에 류블레프의 〈삼위일체〉 성화상을 갖다놓지 않았더라면, 아마도 이 책은 도저히 빛을 볼 수 없었을 것입니다.

나는 이 성화상을 몇 주간 동안 계속 응시하며 묵상을 하였습니다. 그러면서 나는 이 성화상을 묵상하면서 깨닫게 된 것들을 글로 남기고 싶다는 마음의 감동이 점점 더 강렬해지는 것을 느끼게 되었습니다.

그 다음해, 내가 묵상을 하면서 좀 쉬려고 트로슬리로 다시 돌아왔을 때, 바바라는 그 〈삼위일체〉 성화상 대신에 〈블라디미르의 동정녀〉 성화상을 갖다 놓았습니다.

그곳에서 묵상생활을 마쳤을 때, 나는 또다시 글을 쓰고 있는 자신의 모습을 발견하게 되었습니다.

일년 뒤, 세 번째 방문을 했을 때, 나 자신의 영성 생활은 이 성화상들의 아름다움과 너무도 깊이 연결되어 있었습니다.

그래서 거기 있는 동안, 류블레프가 그린 〈즈베니고로드의 그리스도〉와 〈성령 강림〉 성화상에 대해서 쓰고 싶다는 마음이 들었습니다.

거기 있던 몇 달 동안, 시몬느 랑드리앙은 나에게 많은 후원과 격려를 아끼지 않았습니다.

바바라와 시몬느의 신실한 우정 때문에 나는 이 〈묵상의 영성〉을 꼭 써야겠다는 강한 자극을 받게 되었습니다. 참 감사하다는 뜻에서, 이 책을 그들에게 바칩니다.

또 지극히 중요한 문헌과 원본에 가장 가까운 복사본을 구해 준 로베타 리더와 찰스 부쉬에게도 감사의 말을 전하고 싶습니다.

원고를 읽고 논평을 해준 엘리자베스 오졸린과 로버트 렌츠에게도 깊은 감사를 드립니다.

무엇보다도 내가 감사를 드리고 싶은 이는 원고를 능숙하게 편집해 주신 피터 위스켈과 필 째더입니다. 너그러운 마음으로 잔일을 다 도맡아 준 마가렛 스투디어와 코니 엘리스에게도 물론 감사를 드려야겠지요.

끝으로, 나는 내가 이 성화상들을 신적인 장소로 나아가는 출입구로 볼 수 있도록 내 영안을 열어보여 주신 이들 모두에게 "감사합니다!"라고 말하고 싶습니다.

동서양 많은 남녀들이 오늘도 "주님의 아름다우심을 바라보려고"(시편 27편) 성화상 앞에 나아와 묵상기도를 드리고 있습니다.

　여러분도 그들과 함께 이런 영성 깊은 영혼의 기도를 드릴 수 있다면 얼마나 좋을까요? 그것이 바로 치유와 돌봄이 있는 묵상의 영성이 아니고 무엇이겠습니까?

　부디 이 책이 그 묵상의 영성을 실천하는 데 작으나마 격려가 되기를 바랍니다.

들어가는 말

아버지와 어머니가 막 결혼하셨을 때입니다. 두 분은 마르끄 샤갈이 그린 작은 그림을 하나 사셨지요. 창 앞에 놓여 있는 단출한 꽃병에 꽃이 가득 담겨 있는 그림이었습니다.

부모님이 그 그림을 사신 것은 그것이 그냥 맘에 드셨기 때문입니다. 결코 샤갈이 유명해서가 아니었습니다. 사실, 그 당시에 샤갈은 별로 알려져 있지 않았습니다. 그림도 그리 비싸지 않았습니다.

그런데 부모님은 왠지 그 그림을 사랑하셨고, 말씀하실 때마다 그 그림에 대하여 깊은 애정을 나타내셨습니다.

그로부터 53년이 지난 오늘, 어머니는 이 땅에 계시지 않습니다. 그리고 샤갈의 예술은 세계적으로 유명해졌습니다.

지금도 어머니 생각이 날 때면, 우리집 거실에서 샤갈의 꽃 곁에 앉아 계시던 어머니를 떠올리게 됩니다. 어머니의 아름다우심은 부드러운 색깔들로 이루어진 꽃다발에서 풍겨나는 아름다움과 깊은 연관을 맺게 되었습니다.

요즘 나는 지난날 부모님이 하시던 것처럼 내 마음의 눈으로 깊은 애정을 가지고 그 그림을 바라봅니다. 그리고 거기서 말로 다할 수 없는 위로와 치유를 느낍니다.

이제 곧 살펴보겠지만, 이 책에는 네 개의 성화상이 실려 있습니다. 그런데 이 성화상들이 왜 나에게 그렇게 중요하게 되었는지를 어떻게 설명하면 좋을까 한참을 고심하였습니다.

그러다가 내 마음속에 문득 떠오른 게 바로 샤갈의 그

꽃들이었습니다. 샤갈의 그림처럼, 이 성화상들은 내 내면 세계의 삶 속에 깊이 아로새겨져 있습니다. 그래서 나에게 위로와 치유가 필요할 때면 어김없이 나타나곤 합니다.

나는 기도할 수 없을 때가 많이 있습니다. 너무 피곤해서 성경을 읽을 수 없을 때도 허다합니다. 너무 불안해서 영적인 생각을 깊이 할 수 없을 때도 많습니다. 너무 우울해서 하나님을 향한 말씀을 찾을 수 없을 때도 부지기수입니다.

또는 너무 탈진한 나머지, 아무 것도 할 수 없을 때도 많이 있습니다. 하지만 체험적인 사랑과 아주 밀접하게 연관되어 있는 이 모습들은 여전히 바라볼 수 있습니다.

때로는 행동하는 것, 말하는 것, 그리고 곰곰이 생각하는 것마저 너무 부담스럽게 다가올지 모릅니다. 그러나 우리는 영원토록 보고 있습니다.

꿈을 꿀 때도 우리는 봅니다. 앞을 응시할 때도 우리는 봅니다. 쉬기 위하여 잠시 눈을 감을 때도 우리는 봅니다.

우리는 나무, 집, 길과 차, 바다와 산, 동물과 사람, 장소와 얼굴, 형태와 색깔을 봅니다. 뚜렷하게 볼 때도 있고 희미하게 볼 때도 있지만, 우리는 늘 무언가 볼 것을 찾아냅니다.

그러나 우리가 실제로 보기 위하여 선택하는 것은 무엇인가요? 우리가 꽃을 보느냐 뱀을 보느냐, 부드러운 미소를 보느냐 위협하는 이빨을 보느냐, 춤추는 커플을 보느냐 적의에 찬 군중을 보느냐에 따라 커다란 차이가 있습니다.

우리에게는 선택의 여지가 있습니다. 우리에게는 우리가 무엇을 먹느냐에 대하여 책임이 있듯이, 우리가 무엇을 보느냐에 대해서도 책임이 있습니다.

우리를 둘러싸고서 우리의 눈을 현혹하는 엄청나게 많은 자극물의 희생제물이 되는 것은 그리 어렵지 않습니다. 그 '권력과 권세'가 날마다 우리의 모습들을 상당부분 조정합니다.

포스터, 게시판, 텔레비전, 비디오테이프, 영화, 그리고 가게 진열장은 끊임없이 우리 눈앞에 나타나 자신들의 모습을 우리의 기억 속에 새겨 넣습니다.

하지만, 우리는 우리를 즐겁게 하고 마음놓고 즐기게 하겠다는 그런 세상의 수동적인 희생제물이 되지 않아도 됩니다. 우리는 어떤 결정과 선택을 할 수 있습니다.

우리의 에너지를 고갈시키는 사회 한가운데서 영성 생활을 하려면, 우리의 눈을 주님의 아름다우심에 계속 고정시킬 수 있는 그런 내적 공간을 보호하기 위하여 의식적인 조치들을 취할 필요가 있습니다.

나는 그런 조치 가운데 하나로 우리 그리스도교 전통에서 유구한 역사를 지닌 소중한 예술작품들을 묵상하는 방법을 제시해 보고자 합니다. 이름하여 〈묵상의 영성〉이지요. 그것은 구체적으로 네 개의 러시아 성화상에 관한 것이라고 말씀드릴 수 있습니다.

이 성화상들을 기도하는 심정으로 오랫동안 유심히 바라보고 묵상함으로써—이 성화상들에 관하여 이야기하고 이 성화상들에 관하여 읽음으로써, 그러나 주로는 침묵 속에서 이 성화상들을 그냥 유심히 바라봄으로써—나는 이 성화상들을 점점 더 가슴으로 알게 되었습니다.

지금은 그것들이 실제로 내 눈앞에 있건 없건, 그 성화상들이 내 영혼의 거울에 훤히 보입니다. 나는 〈주기도송〉을 외듯이 그 성화상들을 외고 있습니다. 어디를 가든지 그 성화상들과 함께 묵상기도를 드리고 있습니다.

이 〈묵상의 영성〉을 읽게 될 여러분도 여기 있는 성화상들을 정신을 바짝 차리고 유심히 바라보십시오. 그것들과 함께 묵상기도를 드리십시오. 그것이 중요합니다. 그래야 이 책의 진가가 살아납니다.

유심히 바라본다는 말(gazing)은 아마도 동방 영성의 핵심을 찌르는 최고의 표현일 것입니다. 서방 영성의 기조를 마련한 성 베네딕트는 우리에게 무엇보다도 먼저 경청하라고 권하지만, 비잔틴 교부들은 유심히 바라보는 것에 초점을 맞춥니다. 이것은 특히 동방 교회의 예전 생활에서 두드러지게 나타납니다.

이 책에 실린 글은 내가 성화상들을 유심히 바라봄으로써 얻은 통찰들에서 나온 것입니다. 이 글이 여러분의 마음에 와닿을 수도 있고 그렇지 않을 수도 있습니다. 부디 이 글이 여러분이 직접 여기 실린 성화상들을 바라보기 시작하는 데 조금이라도 도움이 된다면 좋겠습니다.

만일 그렇게 된다면, 내 이 글을 쓰는 목적은 이루어진 셈입니다. 그렇게만 된다면, 내가 하는 말 따위는 그리 중요한 게 아니니 잊혀져도 좋을 것입니다.

그렇게만 되면, 이 성화상들은 여러분의 것이 될 것입니다. 낮이고 밤이고, 좋은 시절이고 나쁜 시절이고, 슬픈 때고 기쁜 때고, 여러분을 인도할 수 있게 될 것입니다. 이 성화상들은 하나님께서 여러분을 사랑하기로 선택하신 방법에 대하여 말하기 시작할 것입니다.

왜 하필 성화상이냐고요? 미켈란젤로, 렘브란트, 또는 마르끄 샤갈의 그림처럼 좀더 쉽게 구할 수 있는 그림을 사용하는 것이 더 낫지 않냐구요? 사실 서방 예술의 훌륭한 보화들이 훨씬 더 매력적일지도 모릅니다. 그러나 내가 구태여 성화상을 택한 데는 그럴 만한 이유가 있습니다.

곧 성화상이라는 것은 우리가 보이는 문을 통하여 보이지 않는 신비에 접근할 수 있게 하려는 데 그 목적이 있기 때문입니다. 성화상은 우리를 기도의 골방으로 이끌기 위하여 그려졌습니다. 하나님 마음에 좀더 가까이 데리고 가기 위하여 그려진 것이지요.

성화상은 아주 오래된 규칙에 따라 그려졌습니다. 이 점이 우리한테 좀 더 친숙한 서양 예술과는 대조적입니다. 성화상의 형태와 색깔은 성화상 화가의 상상과 기호에 따라서만 결정된 것이 아닙니다. 유서 깊은 전통에 순종하며 대대로 전수되어 온 것입니다.

성화상을 그린 화가의 관심은 자신의 예술을 통하여 자신을 알리는 데 있지 않았습니다. 그의 첫 번째 관심은 자신의 그림을 통하여 하나님 나라를 선포하는 데 있었습니다.

성화상은 본디 예배와 예전을 베풀 때 한 곳에 놓아두게 되어 있습니다. 그래서인지 성화상마다 예배와 예전의 요구에 맞게 그려져 있음을 알 수 있습니다. 예배와 예전 자체가 그렇듯이, 우리는 이 성화상들을 통하여 천국의 모습을 슬쩍 엿보게 되는 거지요.

이 말은 왜 성화상들이 보기에 쉽지 않은가를 설명해 줍니다. 성화상들은 우리의 감각에 직접 와닿지 않습니다. 우리의 감정을 흥분시키거나, 황홀하게 하거나, 선동하지도 않습니다. 우리의 상상력을 자극하지도 않습니다. 처음에 보면, 뭔가 경직되어 있고, 생명력도 없고, 도식적이고, 따분해 보이기까지 합니다.

성화상들은 첫눈에 자기 자신을 드러내지 않습니다. 우리가 참을성 있게 묵상기도를 드리면서 그 앞에 오래 머문 뒤에야 비로소 서서히 우리에게 말을 걸기 시작합니다.

그리고 말을 할 때에도 우리의 외적 감각에 대고 이야기하지 않고 내적 감각에 대고 이야기합니다. 성화상들은 하나님을 탐구하는 마음들을 향하여 속뜻 그윽한 이야기를 속삭입니다.

내가 이 책에 한데 내보인 성화상들을 보는 데에는 오랜 시간이 걸렸습니다. 아직도 과연 내가 얼마나 제대로 보았는지 의심스럽기만 합니다. 늘 무언가 더 보아야 할 새로운 것이 아직도 남아 있는 듯한 느낌이지요.

성화상은 영원을 내다보는 창문과도 같습니다. 성화상의 이차원적인 표면 뒤에는 차원이나 크기를 뛰어넘는 하나님의 정원이 놓여 있습니다.

이 모습들에 나 자신을 내어 맡긴 채, 그들의 기원이나 역사나 예술적 가치 등에 관한 나 나름의 호기심어린 질문들을 떨쳐 버리고, 그 모습들이 저 나름의 언어로 나한테 이야기하게 했을 때마다, 그들은 내가 사랑의 하나님과 한층 더 깊은 친교를 나눌 수 있도록 이끌어 주었습니다.

여기서 내가 선택한 네 개의 성화상은 〈성 삼위일체〉 성화상, 〈블라디 미르의 동정녀〉 성화상, 〈즈베니고로드의 구세주〉 성화상, 그리고 〈성령 강림〉 성화상입니다. 이 그림들은 우리 구원의 신비를 네 가지 측면에서 드러내고 있습니다.

첫 번째 성화상은 우리가 사랑의 집에 거할 수 있도록 초청합니다. 두 번째 성화상은 우리가 진실로 하나님께 속해 있음을 확증시켜 줍니다. 세 번째 성화상은 우리에게 주님의 얼굴을 드러내 보여 줍니다. 그리고 네 번째 성화상은 우리가 세상을 해방하도록 내보냅니다.

이 네 가지 성화상이 한데 어울려서 우리가 어디서 와서 어디로 가는지에 대한 그리스도교적 이해를 나타냅니다.

사랑하는 형제자매 여러분, 이 〈묵상의 영성〉을 읽을 때는 반드시 이 책에 들어 있는 성화상 그림을 여러분 앞에다 펴놓고 두 눈으로 유심히 바라보면서 읽으십시오. 이 성화상들은 하나님의 영광을 위해서 그려졌지만, 우리의 구원을 위해서도 그려졌기 때문입니다.

나는 이 네 가지 성화상들이 그 모습을 여러분의 마음속에 아로새겨 주기를 기도합니다. 그리고 이 성화상들을 묵상함으로써 여러분의 삶 속에 하나님께서 놀랍고도 사랑어린 모습으로 임재해 계심을 더욱 확실히 깨닫게 되기를 빕니다.

그래서 마침내는 여러분의 영성 순례에서 이 성화상들이 신실한 안내자가 되어 주기를 바랍니다.

그리고 영적 갈증에 시달리며 치유의 생수 한 그릇을 목마르게 기다려온 현대 사회의 그리스도인 모두가 이 성화상에 대한 영성적 묵상을 통하여 영원한 기쁨과 평화를 가져다주는 생명의 샘 저 밑바닥의 신비를 깊이 맛볼 수 있었으면 합니다.

차 례

추천의 말 · 5
감사의 말 · 11
들어가는 말 · 15

1. 사랑의 집에 거하라: 〈성 삼위일체〉 묵상
   여는 말 · 31
   부드러운 초청 · 35
   마음이 마음에게 이야기를 하는 곳 · 41
   원, 십자가, 그리고 해방 · 45
   닫는 말 · 51

2. 하나님께 속하라: 〈블라디미르의 동정녀〉 묵상
   여는 말 · 57
   동정녀의 두 눈 · 61
   동정녀의 두 손 · 67
   동정녀의 품에 안긴 아이 · 75
   닫는 말 · 83

3. 그리스도를 바라보라: 〈즈베니고로드의 구세주〉 묵상
 여는 말 · 89
 손상된 모습을 바라보기 · 93
 지극히 상냥한 인간의 얼굴을 바라보기 · 99
 하나님의 마음과 온 인간의 마음을 꿰뚫어보시는
  두 눈을 바라보기 · 107
 닫는 말 · 117

4. 세상을 구원하라: 〈성령 강림〉 묵상
 여는 말 · 123
 하나님은 우리 안에 계신다 · 127
 신앙 공동체 · 135
 세상을 해방하기 · 143
 닫는 말 · 151

 나오는 말 · 157
 참고문헌 · 163
 옮긴이의 말 · 167

1 사랑의 집에 거하라

― 〈성 삼위일체〉 묵상

living
in the house
of love

여는 말

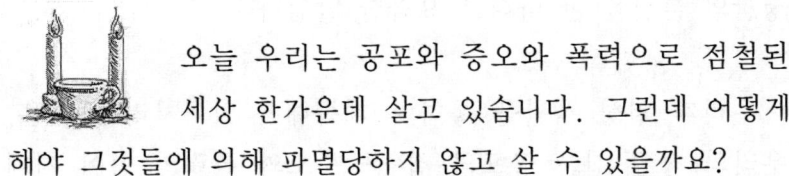오늘 우리는 공포와 증오와 폭력으로 점철된 세상 한가운데 살고 있습니다. 그런데 어떻게 해야 그것들에 의해 파멸당하지 않고 살 수 있을까요?

이 질문에 대한 답변은 예수님의 말씀 속에 있습니다. 예수께서는 제자들을 위하여 성부께 기도하실 때 이렇게 말씀하셨습니다:

내가 아버지께
비는 것은

그들을 세상에서
데려가시는 것이 아니라,
악한 자에게서
그들을 지켜주시는 것입니다.
내가 세상에
속하지 않은 것과 같이
그들도 세상에
속해 있지 않습니다.
　　　　　요한복음 17장 15-16절

　세상 속에서 살되 세상에 속하지 않는 것이야말로 영성 생활의 본질을 한 마디로 요약한 말입니다.

　우리가 영성 생활을 통하여 계속해서 알아차리는 것은, 우리의 참된 집은 공포의 집 곧 증오와 폭력의 힘이 지배하는 집이 아니라, 사랑의 집 곧 하나님이 거하시는 집이라는 사실입니다.

　우리는 살아가면서 거의 하루도 빠짐없이 안팎으로 밀려드는 두려움과 불안과 근심과 걱정거리 등에 시달리고 있습니다.

이들 검은 세력들은 우리가 사는 세상 구석구석에 깊이 침투해 있어서 거기서부터 결코 완전히 헤어날 길이 없습니다.

하지만 이들 세력에 속하지 않고, 그 안에 우리의 거처를 마련하지 않고, 저 사랑의 집을 우리의 집으로 택할 수는 있습니다.

이러한 선택은 단번에 이루어지는 것이 아니라, 영성 생활을 하면서 늘 기도에 힘씀으로써 마침내는 하나님의 숨을 들이마시는 가운데 이루어집니다.

그러한 영성 생활을 통하여 우리는 점점 더 두려움의 집에서 사랑의 집으로 옮겨갑니다.

나는 안드레이 류블레프가 러시아의 위대한 성 세르게이(1313-1392)를 추모하기 위하여 1425년에 그린 〈성삼위일체〉 성화상만큼 사랑의 집을 아름답게 표현한 그림은 아직 보지 못하였습니다.

이 성화상을 묵상하는 것이 나에게는 증오와 두려움으로 가득 찬 우리네 세상에서 계속 몸바쳐 투쟁하면서도 저 신

적인 삶의 신비 속으로 점점 더 깊이 들어가게 해주는 길이 되었지요.[1]

부드러운 초청

 안드레이 류블레프가 이 성화상을 그린 것은 물론 무엇보다도 먼저 삼위일체의 신비에 대하여 자신이 묵상한 것을 함께 나누기 위해서였을 것입니다.

그러나 그 뿐만이 아니었습니다. 정치적 불안 속에서도 늘 마음을 하나님 안에 모으고 사는 길이 없을까를 고민하다가 동료 수도자들에게 그 길을 내보이기 위하여 이 그림을 그렸던 것입니다.

우리가 이 거룩한 모습을 신앙의 눈으로 보면 볼수록 더욱 깊이 깨닫게 되는 게 있습니다. 곧 이 모습은 수도원을 아름답게 장식하기 위하여 그려진 것도 아니고, 어려운 교리를 쉽게 설명해 주기 위해서 그려진 것도 아니며, 오히려 그 안에 들어가 머물 수 있는 거룩한 장소로서 그려졌다는 사실입니다.

이 성화상 앞에 앉아 묵상기도를 드리다 보면, 우리도 세 거룩한 천사가 나누고 있는 친밀한 대화에 동참하라고, 그리고 식탁에 더불어 앉으라고 부드럽게 초청하는 것을 체험하게 됩니다.

성자를 향하여 몸을 기울이신 성부의 움직임과 성부를 향하여 몸을 기울이신 성자와 성령 두 분의 움직임이 한데 어울립니다. 기도하는 사람은 그 안에서 마음이 드높여지고 든든해집니다.

때때로 소리내어 기도하기가 거의 불가능하고, 정신적으로 감정적으로 지쳐서 쉽사리 절망과 공포의 희생물이 되고마는 어려운 시기가 있습니다.

그런 때, 이 성화상 앞에 묵묵히 앉아 한참을 묵상하고 있노라면, 이내 내 마음이 치유되기 시작하는 것을 알 수 있었습니다. 류블레프의 〈삼위일체〉 성화상 앞에 오래도록 앉아 바라보고 있었을 때, 나는 그러한 바라봄의 영성이 어떻게 나의 기도로 바뀌게 되는지를 알게 되었습니다.

이 침묵의 기도를 통하여 나의 내적 불안은 점점 녹아 없어졌습니다. 나를 드높여 세상의 권세가 해체시킬 수 없는 모임, 원을 이루며 둥글게 앉아 있는 저 사랑의 모임 속으로 들어가게 해주었습니다.

이 성화상을 떠나서 다시 잡다한 일상생활에 얽매이게 되더라도, 나는 내가 찾은 이 거룩한 장소를 떠나지 않아도 되는 것처럼 느껴졌습니다.

어디를 가든 무엇을 하든 거기 그대로 머물 수 있는 것처럼 느껴졌습니다. 그리고 내가 들어갔던 이 사랑의 집에는 울타리가 없다는 것도 알게 되었습니다. 거기서 살고싶어 하는 이면 누구든지 기꺼이 환대받을 수 있다는 것을 알게 된 것이지요.

이 성화상을 바라보며 묵상함으로써, 우리는 세상의 모든 수고는 둥글게 둘러앉은 이 거룩한 모임 안에서 행해질

때만 열매를 맺을 수 있다는 것을 내적인 눈으로 보게 됩니다.

> 참새도
> 주님의 제단 곁에서는
> 제 집을 찾고,
> 제비도 새끼를 칠
> 보금자리를 얻습니다.
> 만군의 주님,
> 나의 왕,
> 나의 하나님,
> 주님의 집에 사는 사람은
> 복됩니다.
> 그들은 영원토록
> 주님을 찬양합니다.
> 　　　　시편 84편 3-4절

이것은 깊이 새로운 숨결을 느끼게 하는 구절입니다. 이제 이 말은 세상에 몸담고 있으나 세상에 속하지는 않을 수 있음을 보여주는 구절이 되고 있습니다.

우리는 정의를 위한 투쟁과 평화를 위한 활동에 가담할

수 있습니다. 불가피하게도 가정 생활과 공동체 생활 속에 어정쩡하게 낄 수도 있습니다. 공부하고 가르치고 쓰고 정식으로 직장을 가질 수도 있습니다. 이 모든 일을 그 사랑의 집을 떠나지 않고 계속할 수 있습니다.

성 요한은 자신의 첫 번째 편지에서 이렇게 말합니다:

> 사랑에는
> 두려움이 없습니다.
> 완전한 사랑은
> 두려움을 내쫓습니다.
> 두려움은
> 형벌과 맞물려 있습니다.
> 두려워하는 사람은
> 아직
> 사랑을 완성하지 못한 것입니다.
> 　　　　　　요한일서 4장 18절

류블레프의 성화상은 우리에게 완전한 사랑의 집을 엿보게 해줍니다. 두려움이 사방에서 우리를 삼키려 덤벼듭니다. 그러나 우리가 하나님 안에 편히 머무를 때 이런 세상의 두려움은 우리에게 궁극적인 힘을 미치지 못합니다.

예수께서는 다음과 같이 명백하게 말씀하셨습니다:

내가 이렇게 말한 것은,
너희로 하여금 내 안에서
평화를 얻게 하려는 것이다.
너희는 세상에서 시련을 당할 것이다.
그러나 용기를 내어라.
내가 세상을 이겼다.
요한복음 16장 33절

마음이 마음에게 이야기를 하는 곳

그러나 하나님의 집에서 사는 것은 두려움으로 가득 찬 세상에서 보호를 받는 것일 뿐만 아니라, 하나님의 내적인 아름다우심을 드러내는 것입니다.

우리는 류블레프의 성화상을 통하여 이 말로 다 형용할 수 없는 아름다움을 미리 보게 됩니다.

성 삼위일체의 원 안에서, 온갖 참된 지식이 마음속으로 내려갑니다. 러시아 신비가들은 기도란 마음이 마음속으로 내려가 거기서 하나님 앞에 서는 것이라고 묘사합니다.

기도의 불꽃은 마음이 마음에게 이야기하는 데서, 곧 하나님의 마음이 기도드리는 이의 마음과 하나가 되는 데서 점화됩니다.

이리하여 하나님을 아는 것이야말로 하나님을 사랑하는 것이 됩니다. 마치 하나님께 알려지는 것이 하나님께 사랑받는 것이 되는 것처럼.

이 거룩한 원, 곧 이 사랑의 집 안에서부터, 하나님의 신비가 우리에게 드러납니다. 그것은 마므레 상수리나무 곁에 나타나 사라와 아브라함이 정성스레 준비한 식사를 들고 뜻밖에도 이삭을 낳게 될 것이라고 알려준 세 천사의 신비입니다(창세기 18장).

그것은 또한 환대의 신비입니다. 곧 세 천사를 융숭히 대접한 아브라함과 사라의 친절에서뿐만 아니라, 한 상속자를 통한 계약의 기쁨 속으로 연로한 부부를 불러들이시는 하나님의 친절 속에서도 표현된 환대의 신비입니다.

이 천사들의 출현은 하나님께서 우리 죄를 위하여 희생

하라고 자신의 외아들을 보내주시고, 성령을 통하여 새 생명을 주신 저 신적인 사명의 예시입니다.

마므레의 나무는 생명의 나무가 됩니다. 아브라함의 집은 우리와 함께 하시는 하나님의 거처가 됩니다.

그 산은 기도와 묵상의 영적인 고지가 됩니다. 아브라함이 천사들에게 드렸던 어린양은 하나님께서 천지창조 이전에 택하시고 갈보리에서 죽임을 당하게 하시고 두루마리의 일곱 봉인을 뗄 자격이 있다고 선언하게 하신 희생양이 됩니다.

그 희생양은 이 성화상의 핵심을 이룹니다. 성부 성자 성령의 손은 그 희생양의 의미를 다른 식으로 드러냅니다.

성자는 가운데 계신 분으로서, 두 손가락으로 가리키고 계십니다. 그렇게 해서 성육신을 통하여 신성과 인성을 겸비한 희생양이 되셔야 할 자신의 사명을 은연중 나타내십니다.

성부는 왼쪽에 계신 분으로서, 복을 베푸시는 손짓으로 성자를 격려하고 계십니다.

그리고 성령은 성부 성자와 똑같은 권위의 지팡이를 들고 계신 분으로서, 제단 앞에 열려 있는 사각형을 가리키시며 이 신적인 희생이야말로 세상을 구원하기 위한 희생임을 표명하십니다.

따라서, 이 성화상과 함께 묵상기도를 드림으로써 우리는 하나님의 자기 계시의 신비 속으로 들어가게 됩니다.

그것은 역사를 뛰어넘은 신비이나, 이 성화상을 통하여 보이게 된 신비입니다. 그것은 신적인 신비이나, 인간적인 신비이기도 합니다.

그것은 인간의 모든 감정을 초월한 기쁘고 슬프고 영광스러운 신비이나, 건드리지 않는 인간적 감정은 하나도 없다고 해도 과언이 아닐 정도의 그런 신비입니다.

원, 십자가, 그리고 해방

 그러나 이 성화상은 우리의 소명에 관하여 무엇을 우리에게 드러내는 것일까요?

우리는 진정으로 이 성화상에 속해 있는 것인가요, 아니면 하나님의 무한한 영광에 대하여 소원한 경외감을 느끼게 만드나요?

성 삼위일체의 친밀한 삶의 신비가 보이게 되면서, 우리의 눈은 점점 성만찬 잔 밑 앞쪽에 열려 있는 작은 사각형을 의식하게 됩니다.

우리는 그 열려진 공간에 온갖 주의를 기울여야 합니다. 성령이 가리키시는 곳이기 때문입니다. 우리가 그 신적인 원 안에 포함될 수 있도록 입구가 되어주는 곳이기 때문입니다.

나는 성화상학에 관하여 터득한 나의 모든 지식을 총동원하면서 그 공간에 대해 묵상하였습니다. 그러면서 이 사각 공간은 하나님 집으로 가는 좁은 길에 대하여 말하고 있음을 깨닫게 되었습니다.

그 길은 고난의 길입니다.

사각형의 네 모서리가 우리에게 상기시켜 주는 것은 무엇일까요? 그것은 곧 창조 세계를 대표하고 있습니다. 거기에는 동서남북에서 모여든 모든 사람들이 포함되어 있습니다.

제단 안에서 그 공간의 위치는 무엇을 암시하는 것일까요? 그것은 하나님의 사랑을 증거하기 위하여 기꺼이 생명을 바쳐 신적인 희생에 동참하고자 하는 이들만이 이 거룩한 식탁에 앉을 수 있다는 뜻입니다.

그곳은 순교자들의 유골이 놓여 있는 곳입니다. 그곳은 사랑의 집으로 들어가려고 하는 자신이 지닌 모든 것을 바친 이들의 유품을 모신 곳입니다.

이렇게 해서 점점 하나의 십자가가 보이게 됩니다.

곧 나무와 성자와 어린양과 세상이 수직 기둥을 이루고, 성부와 성령의 머리가 수평 기둥을 이루며 그 십자가 형상이 드러납니다.

진실로 십자가 없는 원은 있을 수 없습니다.
죽음이 없는 영생도 있을 수 없습니다.
생명을 잃지 않고 생명을 얻을 수도 없습니다.
갈보리 없는 하늘 나라도 있을 수 없습니다.

원과 십자가는 뗄레야 뗄 수가 없습니다. 신적인 세 천사의 엄숙한 아름다우심, 그것은 고난이 없는 아름다움이 아닙니다.

애수에 잠긴 듯한 그 아름다우심, 러시아 사람들은 이분들의 즐거운 슬픔에 대하여 말을 합니다.

여기서 불현듯 생각나는 예수님의 말씀이 있습니다:

    네가 그 잔을 마실 수 있느냐?

예수님의 길은 제자들의 길과 별반 다르지 않습니다:

    내가 너희에게,
    종이 주인보다 높지 않다고
    한 말을 기억하여라.
    사람들이 나를 박해했으면
    너희도 박해할 것이요,
    또 그들이 내 말을 지켰으면
    너희의 말도 지킬 것이다.
                    요한복음 15장 20절

여기서 우리가 어렵사리 깨닫게 되는 것이 있습니다. 곧 공포의 집에서 사랑의 집으로 옮겨가는 것이 반드시 사랑을 자아내지만은 않는다는 사실이지요.

    너희가 세상에 속하였더라면,
    세상이 너희를
    자기 사람이라고 하여

사랑했을 것이다.
그러나 너희는
세상에 속하지 않고,
도리어 내가 너희를
세상에서 가려 뽑았으므로,
세상이 너희를 미워한다.

요한복음 15장 19절

하지만, 이 길만이 유일한 길입니다. 이 길은 하나님의 길이기 때문입니다. 이 길은 세상이 알지 못하는 기쁨과 평화를 향하여 나 있는 길이기 때문에 우리가 믿고 갈 수 있는 길입니다.

이 길은 많은 사람이 택한 길입니다: 디트리히 본회퍼, 마틴 루터 킹, 아이타 포드, 진 도노반, 그리고 오스카 로메로가 택한 길입니다.

뿐만 아니라, 지난 수십 년 동안 사랑의 하나님에 대한 증인으로서 목숨을 바친 무수히 많은 저 익명의 남녀노소가 택했던 길이기도 합니다.

저들은 죽어갔지만, 오늘 해방을 위하여 싸우며 번민하

는 그 한가운데서 솟아나고 있는 새로운 공동체들에게 희망의 근원으로서 여전히 현존하고 있습니다.

닫는 말

　　류블레프는 성 세르게이의 영광을 기리고 추모하기 위하여 〈삼위일체〉 성화상을 그렸습니다. 성 세르게이는 온 러시아를 하나님의 이름을 중심으로 한데 모이게 하여 백성들이 "〈성 삼위일체〉를 묵상함으로써 세상을 멸망시키는 증오"를 정복할 수 있기를 바랐습니다.

　　공포와 증오는 14세기이래 여전히 파괴적 요소가 되고 있습니다. 류블레프의 성화상은 공포와 증오가 더 이상 우리를 파멸시킬 수 없는 곳, 곧 저 사랑의 장소로 우리를 여전히 창조적으로 부르고 있습니다.

 이 성화상을 바라보며 오랫동안 묵상기도를 드리면 드릴수록, 그리고 원과 십자가가 공존하는 저 신비스러운 장소로 우리의 마음이 끌리면 끌릴수록, 우리는 하나님의 사랑 안에 편히 머무는 가운데 세상에서 정의와 평화를 위하여 몸바쳐 싸우는 길을 더욱 온전히 이해하게 됩니다.

 예수께서는 사람들이 "세상에 닥쳐올 무서운 일을 내다보며"(누가복음 21장 26절) 공포에 질려 죽을 것이라고 하시면서 제자들에게 이렇게 말씀하십니다:

> 그러니 너희는
> 앞으로 일어날 이 모든 일을 능히 피하고
> 또 인자 앞에 설 수 있도록,
> 기도하면서 늘 깨어 있어라.
>   누가복음 21장 36절

 류블레프의 〈삼위일체〉 성화상을 한참이나 바라본 뒤, 이런 말들이 새로운 힘을 지닌 채 나에게 다가왔습니다.

 "항상 기도한다"는 말은 "한평생 하나님의 집에 거한

다"는 뜻이 되었지요. "닥쳐올 이 모든 일을 피한다"는 말은 이제 더 이상은 세상을 지배하는 공포와 증오와 폭력의 희생물이 되지 않아도 된다는 뜻임을 말해 줍니다.

그리고 "인자 앞에 자신 있게 서는 것"은 더 이상 종말에만 매달리는 것이 아니라, 신뢰하며 살아갈 수 있는 가능성을 나에게 열어줍니다. 다시 말해서, 적대와 폭력 한복판에서 신뢰(문자적인 의미로 con-fide, "함께 믿다")를 갖는 것이지요.

나는 류블레프의 성화상을 통하여 이 두렵고 가증스럽고 폭력적인 세상 한복판에서 살되, 저 사랑의 집으로 늘 더욱 깊이 들어가 사는 방법을 많이 배울 수 있기를 기도합니다.

2 하나님께 속하라
— 〈블라디미르의 동정녀〉 묵상

belonging
to
GOD

여는 말

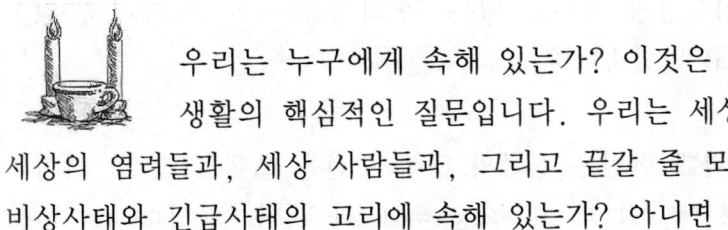 우리는 누구에게 속해 있는가? 이것은 영성 생활의 핵심적인 질문입니다. 우리는 세상과, 세상의 염려들과, 세상 사람들과, 그리고 끝갈 줄 모르는 비상사태와 긴급사태의 고리에 속해 있는가? 아니면 하나님과, 하나님의 백성들에 속해 있는가?

이런 질문에 답변하기란 그리 어렵지 않습니다. 우리의 환경, 곧 우리가 이야기하고 고민하고 기뻐하고 감사드리는 사람들과 사건들은 우리가 진정으로 누구에게 속해 있는지를 드러냅니다.

그런데 비극은 우리들 대부분에게 이러한 환경이 신적 환경과는 거리가 멀다는 것이지요.

〈블라디미르의 동정녀〉 성화상은 강압적이고 분열적인 세상의 환경을 떠나 자유하게 하고 하나되게 하는 하나님의 환경 속으로 들어가도록 점점 더 나를 강하면서도 부드럽게 초청하기 시작하였습니다.

여러 해 동안 나는 수많은 가정과 교회와 수도원에서 이 성화상을 보아 왔습니다. 그래서 이 성화상을 거의 눈여겨 보지 않았습니다. 십자가처럼 너무 익숙한 나머지, 나는 이 성화상이 지니고 있는 "변화시키는 힘"을 대부분 잃어버리고 말았습니다.

그런데 한번은 침묵의 영성 수련을 오랜 기간 할 기회가 있었는데, 그 때 내 책상 위에 바로 이 〈블라디미르의 동정녀〉 성화상의 대형 복사본이 놓여 있었습니다.

이 성화상을 보면서 나는 그 본래의 내적인 의미를 점점 발견하기 시작했습니다. 나는 날마다 이 성화상과 함께 묵상기도를 드리면서, 이 성화상의 신비스러운 친밀감 속으로 끌려들어 가는 것을 느꼈습니다. 하나님께 속하라는 그

절박한 초청을 "마음으로 알게" 되었던 거지요.

〈우리의 온유한 여인〉이라고도 알려진 이 성화상은 모든 러시아 성화상 가운데 가장 존경받는 성화상으로 손꼽힙니다. 12세기 초, 한 익명의 그리스 화가가 그린 것이지요. 1183년경, 콘스탄티노플에서 키에프로 옮겨졌습니다.

그리고 약 20년 뒤, 키예프에서 다시 블라디미르로 옮겨져, 그곳에서 1395년까지 소장되어 있었습니다. 지난 6세기 동안은 모스크바에 소장되어 있었지만, 그래도 여전히 〈블라디미르의 동정녀〉라고 불립니다.

이 거룩한 국보는 많은 화재와 약탈자로부터 번번이 기적적으로 구출되곤 하였습니다. 여러 차례에 걸쳐 복원되기도 했지만, 어머니와 아이의 얼굴만은 비잔틴 예술의 걸작품인 원본 그대로입니다.

이 성화상을 묵상하는 것은 나에게 심오한 체험이었습니다. 그것은 성모를 통하여 하나님의 내적 생명 속으로 드높여지는 체험이었지요.

따라서 나는 여기서도 내가 이 성화상을 묵상할 때 마음이 갔던 순서대로 이 체험을 말로 표현해 보고자 합니다: 곧 동정녀의 눈에서 동정녀의 손으로, 동정녀의 손에서 아이에게로, 동정녀의 아이에게서 다시 동정녀의 눈으로.

이러한 움직임을 통하여 나는 "내가 누구에게 속해 있는가?"라는 질문에 답을 얻게 되었습니다.[2]

동정녀의 두 눈

 심리학적인 관점에서 모든 것을 생각하도록 강하게 훈련받은 한 현대인으로서, 나는 사람들을 만날 때마다 늘 눈을 마주치며 말하려고 애를 씁니다.

그렇게 할 때 나는 비로소 "내가 받아들여지고 있구나!" 또는 적어도 "사람들이 나를 진지하게 대하고 있구나!"라는 사실을 느끼게 됩니다.

그런데 〈블라디미르의 동정녀〉와 눈을 마주치며 바라보

고자 했을 때, 나는 그것이 불가능하다는 것을 깨닫게 되었습니다.

나는 그녀가 나를 바라보았으면 했습니다. 나를 독특한 개인으로 대해 주었으면 했습니다. 나를 그녀의 개인적인 친구로 알아 주었으면 했던 거지요.

그러나 성자 하나님이신 예수 그리스도의 어머니께서는 나를 바라보시지 않았습니다. 르네상스 시대에 그려진 동정녀 마리아의 그림들은 대부분 그 친근한 모습 때문에 우리를 상호간의 관계 속으로 이끌어 가기에 충분합니다.

그런데 이 〈블라디미르의 동정녀〉는 그런 그림들과는 뚜렷한 대조를 이룹니다. 우리의 친숙한 현실 속으로 들어오시지 않는다는 말입니다. 오히려 그녀는 자신과 함께 하나님의 영원한 생명 속으로 들어가자고 우리를 초청합니다.

그녀의 두 눈은 안팎을 동시에 들여다보기도 하고 내다보기도 합니다. 그 두 눈이 안으로는 하나님의 마음을 들여다보고 밖으로는 세상의 마음을 내다보고 있습니다. 그리하여 창조주와 피조물 사이에 심오한 일치를 드러냅니다.

그 눈은 일시적인 것 안에서 영원한 것을, 지나가는 것 안에서 영속적인 것을, 인간적인 것 안에서 신적인 것을 봅니다. 그녀의 두 눈은 기쁨과 슬픔이라는 두 가지 감정이 더 이상 상반되지 않고, 영성적인 일치 속에서 초월을 이루는 저 마음속의 무한한 공간을 응시합니다.

마리아의 눈길이 지니는 의미는 이마와 양 어깨에 있는 환한 별(두 개만 보임; 하나는 아이 때문에 가려져 있음) 때문에 한층 더 강조됩니다.

그 별은 예수님의 탄생 전에도, 탄생 때에도, 탄생 후에도 변함이 없었던 마리아의 동정성을 가리킵니다. 뿐만 아니라 그녀의 존재 깊숙히 스며든 거룩한 현존에 대해서 말하고 있기도 합니다.

그녀는 거룩한 영에 대하여 자신을 완전히 엽니다. 자신의 가장 깊은 내적 존재가 하나님의 창조 능력에 완전히 주목하게 합니다. 따라서 어머니가 되는 것과 동정녀가 되는 것이 상호간에 더 이상 배제되지 않습니다.

반대로, 그 두 가지 요소는 서로간에 완성을 이루게 됩니다. 마리아의 모성은 자신의 동정성을 완성시킵니다. 그리고 그녀의 동정성은 자신의 모성을 완성시킵니다.

바로 이 점 때문에, 그녀에게는 그리스어로 된 칭호가 따라다닙니다. 그것은 일찍이 인간이 받은 칭호 가운데 가장 높은 칭호입니다: Theotokos, "하나님을 낳으신 분."

〈블라디미르의 동정녀〉를 바라보며 묵상기도를 드릴 때 우리가 배우는 게 있습니다. 곧 그녀가 비록 우리를 똑바로 바라보고 있지는 않지만, 우리를 진정으로 보고 있다는 사실입니다.

그녀는 아기 예수님을 보듯 똑같은 눈으로 우리를 보고 있습니다. 그 두 눈은 자신의 주님을 잉태하기 전에 그분을 보았던 눈입니다.

말씀이 자신 안에서 육신이 되기 전에 그것을 묵상했던 눈입니다. 그리고 천사의 메시지를 듣기 전에 자신 안에 계시는 하나님을 감지했던 눈입니다.

바로 이 눈으로 동정녀 마리아는 아이를 바라봅니다. 그녀의 눈길은 특출한 아기를 가졌노라고 잔뜩 뽐내는 그런 어머니의 눈길이 아닙니다.

그녀는 성자 하나님 곧 예수 그리스도의 어머니로서 신실한 눈으로 아이를 봅니다. 육신의 눈으로 아이를 보기 전에, 신앙의 눈으로 아이를 보았습니다.

바로 이 점 때문에, 우리는 거룩한 예배마다 마리아를 생각하며 몸 속에 하나님을 잉태하기 전에 마음 속에 하나님을 잉태하신 분이라고 끊임없이 찬양하는 것이지요.

동정녀 마리아는 아기 예수님을 보듯 똑같은 눈으로 우리 그리스도인들을 보고 있습니다. 그 때 그녀는 우리를 자신의 관심을 끌만한 흥미 있는 인간들로 보지 않습니다.

죄의 어둠에서 벗어나 신앙의 빛 속으로 부름 받은 사람들로 봅니다. 하나님의 아들딸이 되도록 부름 받은 사람들로 보는 거지요.

우리가 주목받는 사람들이라는 우리의 세상적 정체성을 포기하고, 하나님의 자녀라는 영성적 정체성을 받아들이기는 힘든 일입니다. 우리는 진짜 눈여겨볼 정도로는 아직 준비가 안 되어 있는 것처럼 보이게 되기를 무던히도 바라고 있습니다.

그러나 동정녀의 두 눈을 묵상하고 있노라면, 예전에 우리가 어떤 식으로 소속되어 있었던지 간에 그런 것은 다 떨쳐버리고, 이제 우리야말로 진정 하나님께 속해 있다는 기쁜 소식을 받아들이도록 초청을 받습니다.

동정녀의 두 손

이 성화상에서 나에게 두 번째 의미를 지니게 된 것은 동정녀의 손이었습니다. 이 성화상을 바라보면서 묵상기도를 드리다보면 자연스레 그 손에 이끌리지 않을 수 없습니다.

한 손은 아이를 안고 있습니다. 그리고 다른 한 손은 자유로운 상태에서 쫙 편 채 초청의 손짓을 하고 있습니다. 처음에 나는 동정녀가 그 벌린 손으로 예수님을 가리키고 있다고 생각했습니다.

그러나 지금 내가 깨달은 것은, "가리킨다"는 말로는 그녀의 손짓이 참으로 의미하는 바를 제대로 전달할 수 없다는 사실입니다.

그녀는 단순히 자신의 아들을 주목하라고 요구하고 계시는 것이 아닙니다. 그분을 향하도록 우리를 지시하고 있는 것도 아니지요.

그렇다면 그것은 너무 피상적인 것이 되고 말 것입니다. 우리를 은근히 조정하거나 통제하려는 손짓으로밖에 볼 수 없을 것입니다.

내가 동정녀의 손짓을 보면서 서서히 깨닫게 된 것은 바로 이것입니다. 곧 그 손짓은 예수님께 좀더 가까이 다가오라는 초청이라는 사실이지요. 그렇게 다가옴으로써 그 속에서 우리가 속해 있는 하나님을 발견하라는 초청인 것입니다.

비록 이 그림의 중심부를 동정녀가 차지하고는 있지만, 기도하는 마음으로 깊이 들여다보면 그녀가 거기 있는 것은 전적으로 오로지 아이를 위해서라는 게 드러납니다.

마리아는 예수님의 어머니입니다. 그녀의 온 존재는 예수님을 위한 것입니다.

그녀의 손은 가르치려들지 않습니다.
설명하려들지도 않습니다.
애걸하려들지도 않습니다.

그녀의 손은 단지 그 아이를 세상의 구원자로 내보이고 있을 뿐입니다. 닫혀진 마음의 문을 활짝 연 채 신앙의 눈으로 예수님을 보고 있는 모든 이에게.

성화상의 중심을 차지하고 있는 마리아의 손은 이루 다 형언할 수 없이 아름답습니다. 그것이 중심부에 그려져 있다는 것은 이 성화상의 전체적인 의미가 어디에 있는지를 요약해 줍니다.

그 전체적인 이미지가 마리아의 찬가에 표현된 것과 맥을 같이 합니다:

> 내 혼이
> 주님의 위대하심을 찬양하며
> 내 영이

내 구주 하나님을 높입니다.

누가복음 1장 46절

그리고 중심부에 그려진 손을 묵상하고 있노라면, "만물들아, 함께 모여 하나님을 예배하자"고 초청하는 것 같습니다. 그 손은 이렇게 말합니다:

예수님께 찬양!
예수님께 감사!
예수님께 영광!

예수님으로부터 도움을!
예수님과 함께 간구를!
예수님께 기도를!
언제나, 언제나.

그러나 동정녀의 손에서 울려나오는 이 모든 말은 마치 어머니가 자기 자녀들에게 말하는 식입니다. 강요하는 게 전혀 없습니다. 오히려 이 끊임없이 예배하고픈 욕구를 찾아낼 수 있는 그들만의 어떤 공간을 만들어 줍니다.

동정녀의 두 눈에는 어떤 호기심도 어려 있지 않습니다.

우리를 취조하려 들지도 않습니다. 이해하려 들지도 않습니다. 그런데도 우리가 그 눈을 묵상하고 있노라면, 우리의 참 자기가 여실히 드러나는 것을 느끼게 됩니다.

마찬가지로 그녀의 두 손에는 무언가를 놓치지 않으려 꼭 붙잡는 기색도 없습니다. 강요하지도 않습니다. 지시하지도 않습니다.

그러나 우리가 그 손을 묵상하고 있노라면, 우리가 두려움 없이 예수님께 다가가도록 어떤 공간이 열리는 것을 느끼게 됩니다.

우리가 이 성화상 앞에서 묵상기도를 드릴 때, 마리아의 손은 점점 더 중요성을 띠게 됩니다. 그녀는 우리가 예수님께 더욱 더 가까이 다가가도록 권하십니다. 마치 이렇게 말하는 듯합니다:

> 내가 여기 있는 이유는
> 단 하나,
> 여러분을
> 예수님께 인도하기 위해서입니다.

마리아가 우리에게 바라는 것은 우리 속의 두려움을 떨쳐버리고 다음과 같이 마리아도 그랬던 것처럼 신뢰하는 것이지요:

> 주님의 약속은
> 반드시 이루어질 줄 믿습니다.
> 　　　　　　　　　누가복음 1장 45절

우리의 주된 관심이 그녀의 두 눈에서 두 손으로 옮겨가면서, 우리는 그녀의 심오한 인내를 서서히 인식하게 됩니다.

'인내'라는 말은 라틴어 pati에서 왔습니다. 고통스러워한다는 뜻이지요. 부활하신 주님의 몸에는 지금도 그분이 당하신 고난의 상처들이 남아 있습니다.

그렇듯이 성자 하나님 곧 예수 그리스도의 영광스러운 어머니, 마리아도 슬픔에 찔려 가슴에 상처가 많은 여인입니다.

그녀는 가난하다는 것, 억압받는다는 것, 피난민이 된다는 것, 앞날이 불확실하고 혼돈스럽다는 것, 따돌림을 당한다는 것, 십자가 아래 선다는 것, 그리고 어느 누구하고도 나눌 수 없는 생각과 느낌을 홀로 품고 살아간다는 것이 무엇을 뜻하는지 알고 있습니다.

이러한 고난이 그녀의 두 눈망울 속에 그리고 두 손짓 속에 맴돌고 있습니다. 그것은 결코 사람을 섬뜩하게 하는 고통이 아닙니다. 다만 그녀의 인내에 대한 영광스러운 표지일 뿐이지요.

그러므로, 그녀는 이제 십자가에 달린 자기 아들에게만 어머니가 되는 게 아닙니다. 이 세상에서 고난 당하는 모든 남녀에게도 어머니가 됩니다.

그녀는 우리, 고난 당하는 백성들더러 예수님께 나오라고 초청합니다. 우리를 초청하되, 성급한 손짓으로 다그치는 게 아닙니다.

그녀는 이미 우리가 무엇 때문에 두려워하고 무엇 때문에 주저주저하며 무엇 때문에 고민을 하고 무엇 때문에 의심을 하며 무엇 때문에 안절부절못하는지를 이미 다 알고 있는 듯합니다. 그녀의 초청은 그래서 따스하기만 합니다.

그녀는 인내심이 많은 어머니입니다. 그녀는 우리를 침범하지 않습니다. 적당한 시간이 되어 마침내 우리에게서 스스로 "예!"라는 대답이 나올 때까지 기다려줄 줄 아는 분입니다.

그러나 그녀의 인내는 강합니다.
동요되지 않습니다.
끈기가 있습니다.

그녀의 손은 성육신의 신비 한가운데, 바로 그 곳에 늘 있습니다. 바로 거기서 그녀는 우리를 손짓하며, 우리가 진실로 속해 있는 하나님의 집으로 가는 길이신 예수님께 나아오라고 초청하십니다.

동정녀의 품에 안긴 아이

 마침내 우리는 아이를 볼 수 있습니다. 동정녀의 두 눈과 두 손이 그렇게 중요한 이유도 결국은 이 아이 때문입니다.

처음에는 이 아이가 부수적으로 보일지도 모릅니다. 그러나 기도하는 마음으로 성화상을 묵상하면서 들여다보면, 이내 이 아이야말로 자신을 둘러싸고 있는 모든 것에 의미를 부여하고 있음이 드러납니다.

성화상에 그려진 아이를 묵상하는 것은 참으로 감동적인

체험입니다. 아이가 처음에는 마리아 때문에 작게 보입니다. 그러나 그 아이가 차차 자기 어머니의 주님으로 나타납니다. 나아가 온 백성과 존재하는 모든 것의 주님으로 그 모습을 드러냅니다.

어떻게 이 아이가, 빛나는 얼굴에 황금빛 옷을 입은 이 아이가, 그토록 오랫동안 동정녀의 굽은 선 안에 "숨어" 있을 수 있었을까요? 내가 계속해서 놀라는 이유가 바로 여기 있습니다.

이제 아이를 보지 않은 채 성화상은 본다는 것은 거의 있을 수가 없습니다. 그 아이는 훨씬 더 어른스럽고, 훨씬 더 지혜로우며, 훨씬 더 강합니다. 이제 그 어머니는 거룩하신 분을 우리에게 소개한 채, 경건하게 뒤로 물러나 있게 되었습니다.

이 아이가 결코 아기가 아니라는 것을 쉽게 알아볼 수 있습니다. 그는 어른 옷을 입은 지혜로운 남자입니다. 게다가, 그 빛나는 얼굴과 황금빛 옷은 이 지혜로운 남자야말로 실로 위엄과 광휘가 충만한 하나님의 말씀이심을 드러내 줍니다.

그분은 육신이 되신 말씀이십니다.
온 시대의 주님이십니다.
온갖 지혜의 근원이십니다.
창조의 알파와 오메가이십니다.
하나님의 영광이십니다.

아이의 내부와 주변이 온통 빛입니다. 그 아이 안에는 어둠이 전혀 없습니다. 니케아 공의회의 표현대로, 그분에 대하여 우리는 이렇게 말할 수 있을 것입니다:

하나님으로부터 오신 하나님!
빛으로부터 오신 빛!
참 하나님으로부터 오신 참 하나님!

〈블라디미르의 동정녀〉에 그려진 이 아이를 바라보며 묵상의 영성을 지펴 가는 것은 어떤 빛을 발견하는 것과 같습니다. 늘 그곳에 있었으나 예전에는 눈이 어두워 볼 수 없었던 빛을 발견하거나 마찬가지이지요.

아이의 얼굴을 바라보십시오! 한 줄기 찬란한 빛이 성화상 오른쪽에서부터 내려와, 동정녀의 코를 유유히 스쳐 지나가더니, 마침내 아이의 얼굴을 비춥니다.

그러나 빛은 안에서도 우러납니다. 그것은 내적인 광채가 되어 밖으로 내비칩니다. 그리고는 이미 부드러운 포옹으로 표현된 어머니와 아들 사이의 친밀함을 더욱 심화시킵니다.

그 빛은 주변을 환하게 하고 따스함을 선사합니다. 거기에는 갑작스레 침범해 오는 그런 번쩍거림이 없습니다. 부드럽고 빛나는 친밀함만이 서서히 드러날 뿐이지요.

이 빛을 가져다주는 친밀함 때문에 이 성화상이 예술의 역사에서 걸작품이 될 수 있었습니다.

뿐만 아니라 더욱 중요한 것은 무수히 많은 사람들이 이 빛을 묵상하며 깊은 기도 속에서 주님과 교제를 나누게 되었다는 사실입니다.

9세기에 걸쳐 수많은 성도들이 온 세계 방방곡곡에서 몰려들었습니다. 이 빛을 가져다주는 부드러움을 통하여 위로와 치유를 받으려고.

그러나 훨씬 더 중요한 게 있습니다! 이 거룩한 아이가 동정녀에게 자신을 온전히 내어주고 있습니다.

아이의 팔이 다정스런 포옹으로 그녀를 끌어안고 있습니다. 아이의 눈은 정신을 바짝 차린 채 그녀의 눈을 빤히 바라보고 있습니다. 아이의 입은 그녀의 입과 아주 가까이 있습니다. 자신의 거룩한 숨을 그녀에게 불어넣어 주면서.

인류를 총체적으로 무한정 돌보시는 하나님의 이와 같은 비전이 성육신의 신비와 얼마나 비슷합니까?

이 거룩한 이미지는 예수께서 자신의 제자들을 위하여 성부께 드린 기도를 다시 떠올리게 합니다:

> 내가 아버지께로부터
> 너희에게 보내려는 보혜사,
> 곧 아버지께로부터 오는
> 진리의 영이 오시면,
> 그 영이 나를 증언하실 것이다.
> 요한복음 15장 26절

예수께서는 자신의 신적인 지혜를 모두 인류의 어머니에게 드립니다. 그분은 자신이 받은 모든 것을 내어줍니다. 자신이 본 모든 것도 드러내 줍니다. 자신이 들었던 모든 것을 말해 줍니다. 자신의 존재 전체를 내보입니다.

이것 역시 다음과 같은 예수님의 약속을 다시 떠올리게
해줍니다:

> 너희가 무엇이든지
> 내 이름으로 구하면,
> 내가 다 이루어 주겠다.
> 요한복음 14장 14절

그런데 예수님은 모든 것을 주실 뿐만 아니라, 모든 것을 받아들이기도 하십니다. 그분은 자신이 들은 모든 것을 말씀하실 뿐만 아니라, 자신에게 들려오는 모든 것을 듣기도 하십니다. 그분은 자신이 본 모든 것을 드러내실 뿐만 아니라, 자신에게 보이는 모든 것을 비추기도 하십니다.

예수님은 동정녀로부터 오는 것이라면 하나라도 빼지 않고 꼼꼼하게 신적인 주의를 기울이십니다. 예수님은 그녀가 자신에게 보여주는 모든 것을 받아들이고 듣고 이해하십니다.

그러므로 동정녀는 인류의 대변인입니다. 자녀들이 어떤 슬픔을 지녔든지 간에 그들을 위하여 중보의 기도를 드리는 어머니입니다.

어머니와 아이의 부드러운 포옹은 감상적 사건과는 거리가 멉니다. 이 그림이 나타내고자 하는 것은 하나님과 인류 사이의 신비스러운 교류가 말씀의 성육신을 통하여 가능하게 되었다는 사실이지요.

이러한 교류의 깊고 지속적인 질적 요소는 아이의 굵은 목에서 볼 수 있습니다. 아이의 목은 매우 크게 그려져 있습니다. 성령을 나타내기 때문이지요.

성령은 "숨결"을 뜻합니다. 성령은 하나님의 숨결입니다. 예수께서 인류에게 내보이신 것이 바로 이 신적인 숨결입니다:

> 그러나 내가 너희에게 진실을 말하는데,
> 내가 떠나가는 것이 너희에게 유익하다.
> 내가 떠나가지 않으면,
> 보혜사가 너희에게 오시지 않을 것이다.
> 그러나 내가 가면,
> 보혜사를 너희에게 보내 주겠다.
> 요한복음 16장 7절

예수님은 인류에게 자신의 빛만 내보이신 게 아닙니다;

그분께서는 자신의 숨결을 내보이십니다. 자신의 가장 심오한 생명을 내보이시는 거지요. 그래서 우리가 형제자매로서, 하늘 아버지의 아들딸로서, 진실로 자신에게 속할 수 있게 하신 것입니다.

동정녀의 두 눈은 우리를 주의를 자연스레 그녀의 두 손으로 돌리게 하였습니다. 그녀의 두 손은 우리의 주의를 자연스레 아이에게로 돌리게 하였습니다.

그리고 아이는 우리의 주의를 다시 그녀에게 돌리게 합니다. 온 인류의 이름으로 자신의 성자에게 이야기하는 그녀에게.

닫는 말

 지금까지 내가 강조해 온 것은 이것입니다. 기도하는 마음으로 깊이 묵상을 하다보면 우리가 보게 되는 것이 있다는 거지요.

곧 이 아이야말로 우리가 찾아가야 할 분이라는 사실입니다. 동정녀에 의해 대표되는 우리에게 그 아이가 자기 자신의 숨결을 선물로 내보이고 있다는 사실입니다. 그것이 바로 영성 생활입니다.

그러나 성부, 곧 성자를 보내신 분에 대한 이야기는? 성자에 대한 성부의 사랑이 성령으로 나타났는데 거기에 대한 이야기는?

이 성화상에서 성부는 존재하지 않으십니다. 반대로, 그분은 사실 온 세상 가득히 계시고 안 계신 곳이 없으십니다. 우리가 감히 이 성화상의 이미지를 전체적으로 보지 않는다면, 그분의 현존을 거의 알아차릴 수가 없습니다.

약간 거리를 두고 이 성화상을 바라보십시오. 그러면 동정녀와 아이가 직사각형의 틀 안에 삼각형의 형태로 그려져 있음을 보게 될 것입니다. 직사각형의 틀은 세상을 대변합니다. 하나님께 사랑 받고 있으나, 죄와 악의 세력에 사로잡혀 있는 세상이지요.

삼각형 안에는 성육신의 신비가 표현되어 있습니다. 성부 성자 성령, 삼위일체 하나님의 구속적인 현존을 보여주고 있는 것이지요.

비록 성부가 직접 보이지는 않지만, 성화상의 기하학적인 양식이 성부를 거룩한 성화상 화가로 드러내고 있습니다. 물론 그 화가가 그리는 그림의 주제는 우리의 구원이지요.

따라서 〈블라디미르의 동정녀〉에서는 니고데모에게 하신 예수님의 말씀이 성화상 화법으로 묘사되고 있다고 할 수 있습니다:

> 하나님이 세상을 이처럼 사랑하셔서
> 독생자를 주셨으니,
> 누구든지 그분을 믿으면
> 멸망하지 않고 영생을 얻을 것이다.
>
> 요한복음 3장 16절

영원한 생명이란 하나님의 집으로 들어갈 수 있도록 드높여지는 게 아니고 무엇이겠습니까? 성부 성자 성령 사이에서 친밀한 교제를 나눌 수 있게 되는 것이 아니고 그 무엇이겠습니까?

하나님께 속해 있다는 것이 진정으로 뜻하는 바는 바로 이것입니다. 우리는 이 시간 〈블라디미르의 여인〉을 통하여 이렇듯 하나님께 속하라는 초청을 받고 있습니다.

3 그리스도를 바라보라

— 〈즈베니고로드의 구세주〉 묵상

seeing
christ

여는 말

그리스도를 바라보는 것은 하나님과 온 인류를 바라보는 것입니다. 이 신비는 예수님의 얼굴을 뵙고자 하는 불타는 열망을 내 안에 불러일으켰습니다.

수세기에 걸쳐 예수님의 얼굴을 그려보고자 무수한 이미지들이 만들어졌습니다. 어떤 것은 내가 그분의 얼굴을 뵈는 데 도움을 주기도 했습니다; 물론 그렇지 못한 것도 많이 있었지요.

그러나 내가 안드레이 류블레프가 그린 그리스도 성화상을 보았을 때, 나는 일찍이 전에는 결코 본 적이 없는 것을 보았습니다. 일찍이 전에는 결코 느껴보지 못한 것을 느꼈습니다.

나는 내 눈이 아주 특별한 방법으로 축복을 받았다는 것을 곧바로 알게 되었습니다.

안드레이 류블레프가 자신의 그리스도 성화상을 그린 시기는 15세기 초엽입니다.

러시아 도시인 즈베니고로드의 한 교회를 위하여 일련의 성화상을 그려준 적이 있는데, 그 때 그 일부로 이 성화상을 그린 것이지요.

그래서 이 성화상을 종종 〈즈베니고로드의 구세주〉라고 부르기도 합니다.

연작으로 그린 원본 가운데, 지금까지 남아 있는 것은 세 종류의 패널화뿐입니다: 곧 천사장 미가엘과 사도 바울과 구세주 그리스도를 그린 그림들이지요.

이 가운데 마지막 패널화를 통하여 나는 다른 어떤 예술 작품에서보다도 더 가까이 "예수님을 바라보게" 되었습니다. 바로 이런 이유 문인지, 나는 오랫동안 이 성화상에 대하여 글을 쓰고픈 열망을 느껴왔습니다.

류블레프의 그리스도를 바라보는 것은 하나의 사건입니다. 장기간에 걸쳐 일어나기 때문입니다. 또 묵상을 할수록 깊은 기도 가운데 세심한 주의가 필요하기 때문입니다.

〈즈베니고로드의 구세주〉를 몇 달이나 바라보았건만, 나는 아직까지도 내가 그것을 충분히 "보았다"고 말할 수가 없습니다.

이 성화상을 묵상하면 할수록 그것은 스스로를 나에게 더욱 더 깊이 열어 보이면서, 늘 무언가 새로운 것을 드러내는 것만 같습니다.

나는 이 성화상 안에서 하나의 손상된 모습을 보았습니다. 가장 부드러운 인간의 얼굴도 보았습니다. 그리고 모든 인간의 마음뿐만 아니라 하나님의 마음까지 꿰뚫어보는 두 눈도 보았지요.

이번 묵상에서, 나는 이렇듯 다양한 차원에서 본 것들을 설명해 보려고 합니다. 이 거룩한 얼굴 앞에서 나는 아직도 소경이라는 것을 인정하면서.[3]

손상된 모습을 바라보기

 류블레프의 구세주 성화상을 보고 내가 느낀 첫인상은 그것이 심하게 손상되어 있다는 점이었습니다.

연작 성화상 중앙에 그려진 이 패널화에는 지금 그리스도의 얼굴만 남아 있습니다. 그러나 한때는 동정녀 마리아와 세례 요한의 얼굴도 들어 있었지요.

내가 구세주의 얼굴과 그분의 꿰뚫어보시는 눈의 아름다움을 선명하게 볼 수 있기까지는 시간이 좀 걸렸습니다.

그 전에 그분의 얼굴이 상처를 입었다는 사실에 내 마음이 사로잡혔습니다.

머리의 대부분과 이마의 작은 부분들을 볼 수가 없습니다. 턱과 목과 가슴에 칠한 물감에도 금이 가 있습니다. 검은 줄이 아랫입술 밑에서부터 짙은 겉옷 위로 흘러내리고 있습니다.

어깨에 걸친 망토와 그 안에 입은 겉옷도 군데군데 손상이 되어 있구요. 성화상의 왼쪽 아래편은 완전히 색이 바래버렸습니다.

내가 이 성화상을 처음 보았을 때 가진 독특한 느낌이 있었습니다. 곧 그리스도의 얼굴이 엄청난 혼돈 속에서 나타난다는 사실이었지요.

슬프지만 여전히 무척이나 아름다운 얼굴이 우리가 살고 있는 이 세상의 폐허를 통하여 우리를 바라보고 있습니다.

아마도 이런 이유 때문에 이 얼굴이 그토록 오랫동안 나를 따라다녔나 봅니다.

그 얼굴 속에서 들려오는 목소리는 무엇입니까? 불평? 꾸짖음? 아니면 단지 이런 질문? "오, 너희는 내 손으로 만든 작품에다가 무슨 짓을 하였느냐?"

크게 손상된 이 성화상은 1918년 즈베니고로드에 있는 예수승천 대성당 근처 한 헛간에서 발견되었습니다. 천사장 미가엘과 사도 바울의 이아콘도 이 때 함께 발견되었지요.

러시아 예술가이자 화가인 블라디미르 데시야트니코프는 이 성화상이 어떻게 발견되었는지 다음과 같이 말하고 있습니다:

>그 성화상은 그림복원가인 바실리 키리코프가 우연히 발견하였지요. 그는 헛간으로 난 층계의 뚜껑을 하나를 들쳤다가 눈앞에 펼쳐져 있는 것을 보고 깜짝 놀랐습니다. 숨이 막혀왔지요. 안드레이 류블레프가 그린 구세주의 얼굴이 그를 빤히 쳐다보고 있는 것이 아닌가! ……
>오늘까지, 사람들은 즈베니고로드에서 발견된 "그 구세주"를 러시아 예술사에서 "평화를 일구어 가시는 분"라고 부릅니다. 그보다 더 딱 어울리는 통칭을 찾

기란 어렵습니다. 거의 6세기 동안이나, 깊은 생각을 품고 계시는 러시아 사람의 얼굴에 친절하고 지적인 눈을 지니신 구세주께서 대대로 내다보시며 지켜주셨기 때문입니다.[4]

그리스도의 얼굴만 남아 있는 대형 나무판화를 바라보면서, 나는 바실리 키리코프가 그 헛간에서 자신을 똑바로 쳐다보고 계시는 그리스도의 얼굴을 처음 보았을 때 얼마나 깊은 감동을 받았을지 가히 짐작할 수 있습니다.

나에게는, 이 거룩한 얼굴이 갈수록 폭력이 난무하는 이 세상 한복판에서 하나님의 자비가 얼마나 깊고 거대한지를 잘 나타내 줍니다.

파괴와 전쟁으로 점철된 수세기를 통하여, 성육신하신 말씀 곧 그리스도의 얼굴은 하나님의 자비에 대해 많은 이야기를 해왔습니다.

그분의 얼굴은 하나님이 우리를 창조하셨을 때의 모습이 어떠하였을까를 상기시켜 주기도 하였습니다. 무엇보다도 그분의 얼굴은 우리 인생의 이탈된 궤도를 수정시켜 주었습니다.

진실로, 이것이야말로 "평화를 일구어 가시는 분"의 얼굴이 아니고 무엇이겠습니까?

　이 성화상의 역사는 잃어 버렸다 또다시 찾았다를 밥먹듯이 되풀이해 온 상실과 재발견의 역사입니다. 여기에는 경고와 확신 둘 다가 깃들어 있습니다.

　그리스도께서는 우리의 파괴성에 대하여 경고하십니다. 그러면서도 한편으로는 하나님의 사랑이 더 강하다는 것을, 더없이 아름답게 만들어진 것을 파괴하려는 우리 자신의 성향보다 훨씬 더 강하다는 것을 나타내 보이십니다.

　이 성화상을 바라보며 묵상기도를 드리노라면, 이렇게 꾸짖으시는 소리가 들려옵니다:

> 오늘 네가
> 평화의 길을 알았더라면
> 얼마나 좋았겠느냐!
> 　　　　　　누가복음 19장 42절

　그러나 이렇게 우리를 초청하시는 소리도 들려오지요:

수고하며
무거운 짐을 진 자들은
모두 내게로 오너라.
내가 너희를 쉬게 하겠다.
　　　　　　마태복음 11장 28절

지극히 상냥한 인간의 얼굴을 바라보기

류블레프의 그리스도와 좀더 낯이 익게 되면서, 그 구세주의 모습이 그 훼손된 주변을 압도하기 시작했습니다. 훼손된 부분보다는 그곳에서 보이는 부분이 점점 더 내 마음을 사로잡았습니다.

예수님의 찬란한 모습! 그것은 내가 이 세상 그 어디에서도 보지 못한 그림이었습니다. 상냥하시면서도 심히 아름다우시어라!

이 성화상이 한층 더 뛰어나다고 평가받는 이유가 여러

가지 있습니다. 그 가운데 하나는 성화상 화가가 이 그림 속에 가벼운 움직임을 그려 넣었다는 점입니다. 어깨와 윗가슴은 사분의 삼 각도로 그려져 있는데 반하여, 얼굴과 눈과 코와 입술은 우리를 정면으로 바라보도록 그려져 있습니다. 그렇게 해서 우리는 예수님이 우리를 향해 돌아서 계시는 모습을 보게 됩니다.

이 성화상 앞에서 묵상기도를 드리는 시간이 길어질수록, 우리는 이런 움직임을 더욱 깊이 느끼게 될 것입니다. 그 모습은 마치 예수님이 앞으로 가시다가 우리를 보시고는 고개를 돌리시고 우리 얼굴을 정면으로 바라보시는 것처럼 보입니다. 베드로가 예수님을 배반한 직후, 두 사람 사이의 그 어색했던 만남에 대해서 다시 한번 생각해 봅니다:

> 주님께서 돌아서서
> 베드로를 똑바로 보셨다.
> 베드로는 주님께서 자기에게
> "오늘 닭이 울기 전에
> 네가 나를 세 번 모른다고 할 것이다"
> 하신 그 말씀이 생각났다.
> 　　　　　　　누가복음 22장 61절

베드로처럼, 우리도 우리가 자신만만하게 했던 약속들, 그것들을 제대로 지키지 못했던 실패들, 충성스럽지 못했던 우리의 지난날들, 그리고 혼자만의 힘으로 해보려고 했을 때 느꼈던 우리의 무력감에 대하여 회상해 볼 필요가 있습니다.

그러나 베드로처럼, 우리는 우리를 저버리지 않으시는 사랑, 무한하신 자비, 언제나 다시 베풀어주시는 용서에 대해서도 회상해 보게 됩니다.

베드로는 예수님의 두 눈이 자신의 가장 깊은 존재를 꿰뚫어보고 계시다는 것을 느꼈을 때, 그리고 곧이어 자신의 약함과 예수님의 사랑을 보았을 때, "바깥으로 나가서 몹시 울었습니다"(누가복음 22장 62절).

우리는 류블레프의 〈구세주〉 그림을 바라보는 묵상의 영성을 통하여 베드로의 눈물을 더 잘 이해할 수 있습니다. 우리는 그 눈물을 우리 자신 안에서 느낍니다. 그 눈물은 회개의 눈물이요, 또한 한량없으신 사랑에 대한 감사의 눈물이지요.

류블레프의 성화상은 다른 어떤 성화상과도 비교할 수

없을 정도로 그 자체만의 독창적인 아름다움을 지니고 있습니다. 그렇지만, 이 성화상은 그리스도의 얼굴을 그리는 데 있어서 예로부터 전수된 화법에 깊이 뿌리를 두고 있습니다. 류블레프의 성화상은 독창적인 것만큼이나 전통적이기도 합니다.

그리스도의 긴 머리카락, 넓은 이마, 크게 뜬 눈, 기다란 코, 콧수염이 달린 작은 입, 둥근 턱수염, 가늘게 늘린 얼굴, 그리고 굵은 목. 이것은 모델이 될만한 어떤 사람을 본떠서 그린 것이 아닙니다. 류블레프 자신이 창안해 낸 모습도 아닙니다.

그리스와 러시아의 성화상 화가들은 그리스도를 그릴 때 엄격하게 규정된 화법에 따라 그리도록 자자손손 전수를 받았는데, 류블레프도 이 〈구세주〉 그림을 그릴 때 철저히 그 원칙을 준수하였던 것입니다.

색깔도 형언할 수 없이 아름답습니다. 다양한 예술사가들이 그 아름다움을 설명해 보려고 애썼습니다. 알파토프는 이렇게 적고 있습니다:

   이 작품에는 색깔의 공명이 있습니다. 푸른빛의 차

가운 색감이 부드러운 장밋빛이나 황금빛과 조화를 이루고 있기도 합니다 …… 프레스코 화법에서처럼 거의 두드러진 색깔이 없는데도 색깔들이 너무 밝아서 확실히 구별됩니다. 그 색깔들은 얼굴에 반영된 부드러움과도 잘 어울리지요.[5]

그리고 라자레프는 이렇게 덧붙입니다:

시원하고 밝은 색깔의 비할 데 없이 아름다운 그 …… 성화상! 그것은 보는 이를 사로잡고도 남습니다. 담청빛, 분홍빛, 푸른빛, 잠잠한 보라빛 색감들이 황금빛 배경과 대조를 이루며 너무도 완벽하게 어우러져 있는 모습! 그것은 종종 음악적 연상을 불러일으킬 정도이지요. 류블레프는 영성적 측면을 드러내기 위한 색깔을 사용하였던 것입니다.[6]

가장 인상적인 색깔은 구세주의 양어깨를 덮고 있는 망토의 짙은 푸른색입니다. 그리스 성화상과 러시아 성화상에서 그리스도를 그릴 때 보면, 붉은 겉옷을 푸른 망토로 감싸고 있는 경우가 많습니다.

반면에, 동정녀는 푸른 겉옷 위로 붉은 베일을 덮어쓰고 있지요. 붉다는 것은 신성을 뜻하고, 푸르다는 것은 인간성을 뜻합니다. 그리스도 곧 신적인 말씀은 인간성을 지니신 하나님에 의하여 휘감겨 있습니다. 동정녀 곧 창조된 인간은 신성을 지닌 성령에 의하여 보호받고 있습니다.

류블레프도 이 채색법을 따르고 있습니다. 그러나 그가 사용하는 푸른색은 내가 알고 있는 그리스도 모습 가운데 가장 힘있고 밝은 색깔입니다.

진실로, 류블레프는 앞선 세대의 화가들보다 훨씬 더 그리스도의 인간성을 강조하려고 했던 것 같습니다. 밝은 담청색 망토를 통하여 우리는 아름다운 인간의 모습을 지니신 하나님의 얼굴을 더욱 뚜렷하게 볼 수 있습니다.

그 얼굴에는 "어떤 저항할 수 없는 매력이 감돕니다. 거기서 비잔틴 풍의 엄격함은 자취도 찾아볼 수 없습니다. 류블레프의 지극히 인간적인 그리스도는 샤르트르 대성당의 〈왕실 문〉 삼각 면에 세워진 저 유명한 그리스도상을 상기시킵니다. 러시아와 초기 고딕 세계의 이 두 대가는 그리스도를 극히 인간화시켜 우리가 그 그림에 표현된 추상적이고 제의적인 요소를 못 보게 만듭니다."[7)]

류블레프의 그리스도는 "고상함과 강인함이, 온유함과 단호함이 드물지만 잘 배합되어 있어서 인간적인 덕성의 온갖 매력을 뛰어넘는 조화를 이루고 있습니다."[8]

예수님에 대한 성화상은, 러시아 것만 아니라 그리스 것까지도, 대부분 엄격하고 엄숙한 표정을 짓고 있어서 상당한 두려움을 자아냅니다. 어떤 것은 무섭기조차 합니다!

그런 성화상들은 찬란하게 빛나는 하나님의 위엄을 너무나 강조합니다. 그래서인지 우리가 그 앞에서 취해야 할 합당한 자세란 엎드리는 자세 외에 달리 방도가 없는 것처럼 보입니다. 하나님 앞에서 자신은 전적으로 하찮은 존재임을 겸허히 인정하면서.

그러나 우리가 류블레프의 그리스도를 바라보며 묵상의 영성을 키우다보면 무언가 새로운 감동이 와닿습니다. 마치 예수께서 자신의 왕좌에서 내려오시더니, 우리 어깨를 치시며, 일어나 그분을 바라보라고 초청하시는 것만 같습니다.

멋스럽고 개방적인 그분의 얼굴은 사랑을 자아냅니다. 결코 두려움이 아닙니다. 그분은 임마누엘, 우리와 함께 하시는 하나님이십니다.

그분은 이렇게 말씀하십니다:

> 내 손과 내 발을 보아라.
> 바로 나다.
> 나를 만져 보아라.
> 유령은 살과 뼈가 없지만,
> 너희가 보다시피,
> 나는 살과 뼈가 있지 않으냐?
> 누가복음 24장 39절

그분은 우리에게 음식을 청하시기도 하십니다. 그래야 우리가 그분이 귀신이 아니라 우리와 함께 이야기도 하고 먹을 수도 있는 사람이시라는 것을 알겠기 때문입니다(누가복음 24장 36-43절을 보십시오).

우리는 아직도 두려움을 느낍니다. 그러나 그 두려움은 기쁨으로 풍요로워진 두려움입니다. 그 기쁨이 무엇이냐고요? 예, 그것은 제자들이 부활하신 주님을 알아보았을 때 그 가슴속에 끓어올랐던 충만한 기쁨을 말하는 것이지요(누가복음 24장 41절을 보십시오).

하나님의 마음과 온 인간의 마음을 꿰뚫어보시는 두 눈을 바라보기

 이처럼 류블레프의 성화상을 바라봄으로써 우리는 깊은 영성적 체험을 하게 됩니다. 어떻게 그 깊은 묵상의 영성에 이르게 되냐구요? 그것은 결국 구세주의 두 눈 때문이지요.

우리를 바라보시는 그분의 눈길은 너무도 신비스럽고 깊습니다. 그 눈길을 묘사해 보려고 애쓴 사람들이 수없이 많이 있었건만, 그 어떤 말도 딱히 들어맞지가 않습니다.

〈블라디미르의 동정녀〉 그림에 나오는 두 눈은 우리를 그녀 자신의 묵상의 신비 속으로 이끌기 위하여 우리 너머에 있는 무언가를 보고 있습니다.

그러나 류블레프의 그리스도는 그 꿰뚫어보시는 두 눈으로 우리를 똑바로 바라보시면서 우리와 얼굴을 맞대고 계십니다.

두 눈은 크게 뜬 모습으로 우리에게 다가옵니다. 커다란 눈썹과 깊고 둥근 그림자가 두 눈을 더 두드러지게 하고 있습니다. 두 눈에서는 엄격하거나 판단하는 모습을 찾아볼 길이 없습니다.

그렇지만 두 눈에 존재하는 모든 것이 다 들어옵니다. 두 눈은 진정 이 성화상의 핵심을 이룹니다. 사람에 따라서는 "예수님은 온통 눈뿐이시다"고 말할 수도 있겠지요.

그 꿰뚫어보시는 눈길을 묵상하고 있노라니, 시편 기자의 이런 말들이 떠오릅니다:

>주님,
>주님께서 저를 샅샅이 살펴보셨으니,

저를 훤히 알고 계십니다.
제가 앉아 있거나 서 있거나
주님께서는 다 아십니다.
멀리서도 제 생각을 다 알고 계십니다.
제가 길을 거거나 누워 있거나,
주님께서는 다 살피고 계시니,
제 모든 행실을 다 알고 계십니다.
제가 주님의 영을 피해서
어디로 가며,
주님의 얼굴을 피해서
어디로 도망치겠습니까?

시편 139편 1-3, 7절

이 말들은 두려움을 자아내는 무소부재하심에 대해서 이야기하고 있는 게 압니다. 오히려 언제 어디서나 늘 우리를 보살펴 주시는 분의 사랑스런 돌봄에 대하여 말하고 있는 것입니다.

류블레프가 그린 예수님의 두 눈은 감상적이지도 않고 판단적이지도 않습니다. 경건하지도 않고 가혹하지도 않습니다. 달콤하지도 않고 엄격하지도 않습니다. 그 두 눈은 하나님의 눈이십니다.

여기서 하나님은 우리의 가장 내밀한 곳에서 우리를 보고 계시는 분이지요. 우리를 신적인 자비로 사랑하시는 분이기도 하구요.

디오미나(N. A. Dyomina)는 이렇게 쓰고 있습니다:

> 그리스도의 얼굴에서 그 눈길은 [류블레프]의 이 새로운 착상 가운데 가장 의미심장한 특징입니다. 그 눈길은 그 그림을 보는 이들을 되려 정신을 집중하여 똑바로 바라보고 계신 듯합니다. 그리스도의 그 눈길 속에는 자신을 바라보는 이들의 마음속을 꿰뚫고 들어가 진심으로 이해해 보고픈 갈망이 스며 있습니다. 눈썹은 살짝 치켜져 있으나, 긴장감이나 슬픈 기색 따위는 전혀 없습니다: 그 눈길은 맑고 정답습니다. 우리는 우리 눈앞에서 한 강한 인격체를 보게 됩니다. 도움이 필요한 이들에게 얼마든지 도움을 줄 수 있을 만큼 충분한 도덕적·신체적 에너지를 지니신 분을.[9]

그리고 알파토프는 여기에다 이렇게 덧붙입니다:

> [류블레프]의 〈구세주〉 성화상 앞에 있으면, 우리는 그분과 마주보고 있는 듯한 느낌을 받게 됩니다. 그분

의 눈을 똑바로 들여다보면서, 우리는 그분에 대하여 친근한 느낌을 받게 되기도 하지요.[10]

얼굴과 얼굴을 맞대고 보는 이런 체험을 통하여 우리는 성육신이라는 위대한 신비의 핵심에 이르게 됩니다. 우리는 하나님을 뵙고도 살아남을 수 있습니다. 우리의 눈을 예수님의 눈에 맞추려고 애쓰면서, 우리는 우리가 하나님의 눈을 보고 있음을 알게 됩니다.

인간의 마음속 갈망 가운데 하나님을 만나 뵙고자 하는 것보다 더 큰 갈망이 또 어디 있을까요? 사도 빌립처럼, 우리 마음은 이렇게 울부짖습니다:

주님,
저희에게
아버지를 보여 주십시오.
그러면 더 이상 바랄 것이 없겠습니다!

그러나 주님은 이렇게 대답하십니다:

빌립아,
내가 이렇게 오랫동안 너희와 함께 지냈는데도,

너는 나를 알지 못하느냐?
나를 본 사람은 아버지를 본 사람이다.
그런데 네가 어떻게
저희에게 아버지를 보여 주십시오'
한다는 말이냐?
내가 아버지 안에 있고
아버지께서 내 안에 계심을,
네가 믿지 않느냐?
내가 너희에게 하는 말은
내 마음대로 하는 것이 아니다.
아버지께서 내 안에 계시면서,
자기의 일을 하신다.

요한복음 14장 8-10절

예수님은 하나님의 완전한 계시이십니다. 곧 "보이지 않는 하나님의 형상"(골로새서 1장 15절)이시지요. 예수님의 두 눈을 들여다보는 것은 우리의 가장 깊은 염원을 성취하는 것입니다.

이 신비를 파악하는 것은 쉽지 않습니다. 그러나 우리는 성육신 하신 말씀 곧 예수 그리스도의 두 눈이 어떻게 그분 눈에 보이게 되어 있는 모든 것을 진실로 감싸안아 주는지를 느껴보고자 애써야 합니다.

류블레프가 그린 그리스도의 두 눈은 요한계시록에 묘사된 사람의 아들의 눈이요 하나님의 아들의 눈입니다. 그 두 눈은 신적인 것의 신비를 꿰뚫어보는 불꽃과도 같습니다. 그 두 눈은 이글거리는 태양처럼 빛나는 얼굴을 지니신 분의 눈이요, 하나님의 말씀이라는 이름으로 알려지신 분의 눈입니다(요한계시록 1장 14절, 2장 18절, 1장 16절, 19장 12-13절을 보십시오).

이 두 눈을 지니신 분은 어떤 분이시냐구요? 그분은 "빛으로부터 나신 빛이시고, 참 하나님으로부터 나신 참 하나님이시며, 창조되지 않고 나시어, 성부와 함께 계시는 분이십니다 …… 만물이 다 그분으로부터 지음을 받았습니다"(니케아 신조).

그분은 실로 빛이시며 만물이 다 그 안에서 창조되었습니다. 그분은 그 첫째날 곧 하나님께서 빛더러 어두움과 나누어지라고 말씀하시고 보시기에 참 좋았다고 하셨던 그 빛이십니다(창세기 1장 3절).

그분은 어두움 속에 빛나는 새 날의 빛, 곧 어두움이 한

번도 이겨볼 수 없었던 그 빛이기도 하십니다(요한복음 1장 5절). 그분은 온 백성을 비추는 참 빛이십니다(요한복음 1장 9절).

빛을 진짜 빛으로 보실 수 있는 유일하신 분의 두 눈을 들여다보는 것은 왠지 두려운 일입니다. 그분의 바라보심은 그분이 삶으로 보여주신 존재 그 자체와 전혀 다를 바가 없습니다.

그러나 하나님의 빛의 찬란함을 바라보시는 그리스도의 그 두 눈은 하나님의 백성의 비천함을 바라보셨던 것과 똑같은 눈입니다. 하나님의 영원한 신비를 꿰뚫어보신 눈과 똑같은 그 두 눈이 하나님의 형상대로 지음 받은 남녀의 가장 은밀한 존재까지도 들여다보셨습니다.

그 두 눈이 시몬, 안드레, 야고보, 빌립, 나다니엘, 그리고 세리를 보셨습니다. 그리고 그들을 부르시어 제자로 삼으셨습니다. 그 두 눈이 막달라 마리아, 나인성의 과부, 앉은뱅이, 문둥이, 그리고 굶주린 군중을 보셨습니다. 그리고 그들에게 치유를 베푸시고 새 생명을 주셨습니다.

그 두 눈이 부자 청년 관리의 서글픔을 보셨습니다. 호수에 있는 제자들의 두려움도 보았습니다. 십자가 아래 있는 자기 어머니의 외로움도 보셨습니다.

무덤에 있는 여성들의 슬픔도 보셨습니다. 그 두 눈은 열매 맺지 못하는 무화과나무를 보셨습니다. 더럽혀진 성전도 보셨습니다. 그리고 신실하지 못한 도시 예루살렘도 보셨습니다.

또 그 두 눈은 믿음도 보셨습니다: 중풍 들린 자기 친구를 지붕에서부터 매달아 내린 남성들의 믿음을 보셨습니다. 주인의 식탁에서 떨어진 부스러기를 달라고 했던 가나안 여성의 믿음도 보셨습니다.

중풍 들린 자기 하인 때문에 크게 마음 아파하는 백부장의 믿음도 보셨습니다. 자비를 베풀어달라고 외치는 소경 바디메오의 믿음도 보셨습니다. 그리고 혈루증을 고칠 수 있을까 하여 주님의 옷자락을 만진 여성의 믿음도 보셨습니다.

하나님의 선하심이 한이 없음을 끊임없이 보시는 분이 세상에 오셔서, 인간의 죄에 따라 그것이 산산조각 나는 것을 보시고, 마음에 연민을 느끼게 되셨습니다.

하나님의 마음을 들여다보시는 그 똑같은 두 눈이 하나님의 백성들의 고통 당하는 마음을 보시고 눈물을 흘리셨습니다(요한복음 11장 36절). 이 두 눈이 하나님 자신의 마음속을 꿰뚫어보시며 불꽃처럼 타오르십니다.

그런데 이 두 눈에는 언제 어디서나 없을 수가 없는 인간의 슬픔을 보시며 함께 울어주실 수 있는 눈물의 바다도 담겨 있습니다. 이것이 바로 안드레이 류블레프가 그린 그리스도의 두 눈 속에 깃들어 있는 비밀이지요.

닫는 말

 류블레프의 그리스도를 바라보는 것은 하나의 심오한 사건입니다.

우리가 사는 이 세상의 폐허를 통하여, 우리는 예수님의 빛나는 얼굴을 봅니다.

그 얼굴은 어떤 폭력이나 파괴나 전쟁도 궁극적으로 파괴시킬 수 없는 그런 얼굴입니다.

우리는 우리더러 우리의 두려움을 재껴놓고 신뢰와 사랑

으로 자신에게 다가오라고 요청하시는 그분의 부드러운 인간성을 봅니다.

우리는 그분의 두 눈을 봅니다.

그 눈은 하나님 자신의 마음속을 꿰뚫어보시는 눈입니다. 뿐만 아니라, 온 역사를 물들여 온 인간의 거대한 고통까지도 꿰뚫어보시는 그런 눈입니다.

그러므로, 이제 그리스도를 잠잠히 바라보십시오.

그렇게 그분을 바라봄으로써, 우리는 온 인류의 마음속으로 이끌림을 받게 됩니다. 뿐만 아니라 하나님의 마음속으로까지 이끌림을 받게 됩니다.

이것은 하나의 성스러운 사건이지요.

그 안에서 묵상과 자비가 하나가 됩니다.

그리고 이처럼 그리스도의 아름다우심을 바라보는 묵상의 영성을 통하여 우리가 마침내 얻는 유익은 무엇일까요?

그렇습니다. 그것은 우리가 누릴 영원한 삶을 미리 준비하게 된다는 것이지요.

4 세상을 해방하라
– 〈성령 강림〉 묵상

liberating
the
world

여는 말

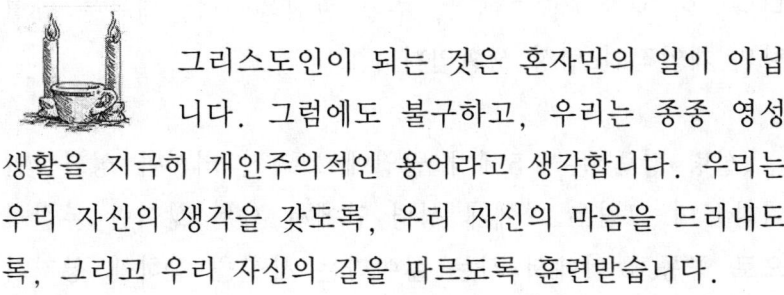그리스도인이 되는 것은 혼자만의 일이 아닙니다. 그럼에도 불구하고, 우리는 종종 영성 생활을 지극히 개인주의적인 용어라고 생각합니다. 우리는 우리 자신의 생각을 갖도록, 우리 자신의 마음을 드러내도록, 그리고 우리 자신의 길을 따르도록 훈련받습니다.

유럽식 교육이나 미국식 교육은 독립적인 인격의 발달을 무척이나 많이 강조해 왔습니다. 그래서그런지 우리는 다른 사람들을 신앙 공동체의 동료 교우라기보다는 자기를 실현시켜 가는 여정에서 만나는 능력있는 조언자, 안내자,

친구로 보게 되었습니다.

하나님과 나의 친밀한 관계 속에서, 나도 여전히 우리의 믿음, 우리의 희망, 우리의 사랑에 대하여 생각하기보다는 나의 믿음, 나의 희망, 나의 사랑에 대하여 생각하고 있는 나 자신의 모습을 발견합니다. 나는 나의 개인적인 기도생활에 대하여 염려합니다. 나는 교육받은 사람으로서 '나의' 미래에 대하여 고민합니다.

그리고 나는 '내가' 다른 사람들을 위하여 얼마나 좋은 일을 많이 했는지 또는 할 것인지에 대하여 곰곰이 생각합니다. 이 모든 것 속에서, 주된 관심을 끄는 대목은 당연 나의 개인적인 영성 생활입니다.

〈성령 강림〉은 15세기 말엽에 그려진 러시아 성화상입니다. 이 그림은 나에게 성령 안에서 사는 삶이란 본질적으로 공동체 안에서 사는 삶이라는 사실을 강하게 상기시켰습니다.

나는 이것을 지적으로는 늘 알고 있었습니다. 하지만, 러시아의 노브고로드 학파가 그린 이 〈성령 강림〉 성화상을 오래 동안 깊이 만나다보니 이것이 머리의 지식에서 점점 가슴의 지식으로 바뀌게 되었습니다.

하나님께서는 무엇보다도 먼저 공동체 안에서 신적인 사랑의 충만함을 드러내신다는 것과, 그리고 기쁜 소식의 선포는 주로 거기서 시작된다는 것은 우리의 삶에 아주 중대한 의미를 지니고 있습니다.

왜냐구요? 이제 문제는 더 이상 "내가 어떻게 하면 나의 영성 생활을 최대한 발전시켜서 다른 사람들과 그것을 나눌 수 있을까" 하는 데 있지 않기 때문입니다.

문제는 오히려 "우리가 어디서 하나님의 성령이 임하고 희망과 사랑을 실은 하나님의 메시지가 세상에 빛으로 전달될 수 있는 그런 신앙 공동체를 찾을 수 있느냐" 하는 것입니다.

일단 이러한 문제가 우리의 주된 관심사가 되면, 우리는 더 이상 영성 생활과 공동체 생활을 분리시킬 수가 없습니다. 하나님께 속하는 것과 서로에게 속하는 것도 분리시킬 수가 없습니다. 그리스도를 바라보는 것과 그분 안에서 서로를 바라보는 것도 분리시킬 수가 없습니다.

이 〈성령 강림〉 성화상을 바라보며 묵상의 영성을 더욱 키우면 키울수록, 점점 더 나는 다른 성화상들이 나에게 드러내주지 못했던 영성 생활의 새로운 측면들을 많이 보게 되었습니다.

첫째로, 나는 하나님께서 성령 강림절에 내재하시는 하나님으로 나에게 어떻게 계시되는가를 보았습니다. 그리고 나서, 나는 이 내재하시는 하나님께서 상호간에 일치와 다양성이 깊어지는 새로운 신앙 공동체를 어떻게 창조하시는가를 알아차렸습니다. 마지막으로, 나는 이 신앙 공동체가 세상을 해방시켜 나갈 수 있는 생동감 넘치는 센터로 어떻게 빚어져 가는지를 발견하였습니다.

이제 영성 생활의 이 세 가지 측면이 〈성령 강림〉 안에서 어떻게 표현되고 있는지를 좀더 상세히 보여드리고자 합니다.[11]

하나님은 우리 안에 계신다

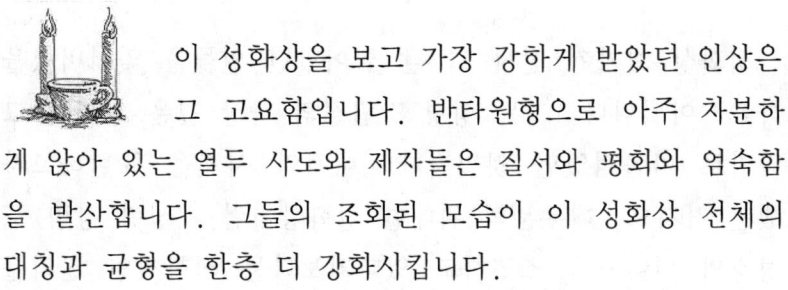
　　　　　　이 성화상을 보고 가장 강하게 받았던 인상은 그 고요함입니다. 반타원형으로 아주 차분하게 앉아 있는 열두 사도와 제자들은 질서와 평화와 엄숙함을 발산합니다. 그들의 조화된 모습이 이 성화상 전체의 대칭과 균형을 한층 더 강화시킵니다.

　이러한 고요함은 성령 강림절 이야기 자체와는 선명한 대조를 이룹니다. 그 이야기(사도행전 2장 1-13절)에서 우리는 읽는 것은 이런 것들이지요: 곧 하늘에서 갑자기 들려오는 소리, 세찬 바람, 불같은 혀, 다양한 언어로 표현되는 말들, 어리둥절함, 경탄스러움, 그리고 냉소적으로 툭 쏘아붙이는 한마디, "너무 취한 것 아냐?" 등.

성화상에서 보여주는 것들은 이런 것들이 전혀 아닙니다: 소리도 없습니다. 말도 없습니다. 중얼대는 제자들도 없습니다. 흥분한 군중도 없습니다. 회의적인 구경꾼들도 없습니다. 혀조차도 없습니다.

다만 하늘을 대변하는 한 원의 일부로부터 내려오는 열두 개의 짧은 빛줄기만 있습니다. 우리가 보는 것은 완벽한 고요, 완벽한 조화, 그리고 완벽한 질서입니다.

성화상 화가가 진짜 그 날 일어났던 일들을 잊어버렸을까요? 아닙니다. 그는 성령 강림절의 가장 깊은 의미를 그리기로 마음먹었던 것입니다. 내적인 사건을 표현하고자 했던 거지요. 대부분의 위대한 성화상처럼, 〈성령 강림〉도 성경의 이야기를 조명하고 있다기보다는 신학적인 진리를 드러내고 있습니다.

이 성화상이 보여주는 진리는 이런 것입니다. 곧 하나님께서 우리에게 신적인 숨결을 주심으로써 거룩한 내적 생명을 완전히 계시하셨기 때문에, 따라서 하나님께서는 진실로 우리를 위하여 "내재하시는 하나님"(God-within)이 되실 수 있다는 거지요.

처음에, 출애굽 이야기에서, 하나님께서는 우리를 위해 계시는 하나님(God-for-us)으로 계시됩니다. 거기서 하나님은 우리를 노예상태에서 벗어나도록 하시기 위하여 낮에는 구름기둥으로, 밤에는 불기둥으로 이끄십니다(출애굽기 13장 21절).

나중에, 나사렛 예수 이야기에서는, 하나님께서 우리와 함께 계시는 하나님(God-with-us)으로 계시됩니다(마태복음 1장 24절). 거기서 하나님은 연대감과 자비를 느끼시며 우리와 동행하십니다.

마지막으로, 성령 강림 이야기에서, 하나님께서는 우리 안에 계시는 하나님(God-within-us)으로 계시됩니다. 거기서 하나님은 우리가 직접 신적인 생명을 호흡할 수 있게 하십니다.

따라서, 성령 강림절은 성부 성자 성령이신 하나님의 계시의 신비를 완성합니다. 그리고 하나님의 내적 생명의 온전한 일부가 될 수 있도록 우리를 초청합니다.

우리를 위해 계시는 하나님과 우리와 함께 계시는 하나님뿐만 아니라, 우리 안에 계시는 하나님이 되심으로써, 하나님께서는 예수님이 다음과 같이 약속하신 대로 우리에게 신적 생명에 대하여 온전한 지식을 제공해 주십니다:

> 그러나 보혜사,
> 곧 아버지께서 내 이름으로 보내실 성령께서,
> 너희에게 모든 것을 가르쳐 주시고,
> 또 내가 너희에게 말한 모든 것을
> 생각나게 하실 것이다.
> 요한복음 14장 26절

〈성령 강림〉 성화상은 하나님께서 자신을 계시하시는 신비의 핵심으로 우리를 이끌어 줍니다. 사도들과 제자들이 모여 앉아 있는 방식은 내재하시는 하나님의 현존을 나타냅니다.

중심 인물인 베드로와 바울 사이에 그려진 열린 공간이나, 열두 제자가 앉아 있는 반타원형에 의해 생성되는 열린 공간은 성령께서 거하시는 새로운 내적 공간을 가리킵니다.

예수께서는 더 이상 제자들과 함께 계시지 않습니다. 그분은 부활하셨습니다. 그러나 그분의 부재는 공허함이 아닙니다. 오히려, 그분의 떠나심은 그분의 추종자들이 성령의 충만함을 받을 수 있는 공간을 창조하였습니다.

예수께서는 이렇게 말씀하시면서 홀로 그들을 준비시키셨습니다:

> 그러나 내가 너희에게 진실을 말하는데,
> 내가 떠나가지 않으면,
> 보혜사가 너희에게 오시지 않을 것이다.
> 그러나 내가 가면,
> 보혜사를 너희에게 보내 주겠다.
> 그러나 그분 곧 진리의 영이 오시면,
> 그분이 너희를
> 모든 진리 가운데로 인도하실 것이다.
> 그분은 자기 마음대로 말씀하지 않으시고,
> 듣는 것만 일러주실 것이요,
> 앞으로 올 일들을
> 너희에게 알려주실 것이다.
> 요한복음 16장 7, 13절

이 말씀으로 예수께서는 성령 강림절에 계시될 성령 안에 사는 새 생명을 미리 가리키십니다. 그것은 "완전한 진리" 안에 사는 생명이 될 것입니다.

"약혼"(betrothal)이라는 단어와 밀접한 연관성이 있는 "완전한 진리"(complete truth)는 하나님과 온전히 친밀해지는 것, 곧 완전한 신적 생명이 우리에게 주어지는 하나의 약혼이지요.

성화상 꼭대기에서 볼 수 있는 열두 개의 빛줄기는 제자들이 받았던 성령의 충만함을 상징합니다. 혼돈, 오해, 불신, 공포의 시간은 끝이 났습니다.

하나님께서는 더 이상 이방인이 아니십니다. 예측할 수 없는 안내자도 아니십니다. 알다가도 모를 낯선 이도 아니십니다. 하나님은 자신의 제자들 안에 사시면서 그들을 새로운 희망과 용기와 확신으로 가득 채우시는 부활하신 그리스도의 성령이십니다.

바로 이 성령께서 그들이 "예수님은 주님이시다!"(고린도전서 12장 3절)라고 말하게 하십니다. 바로 이 성령께서 그들이 "아바, 아버지!"(갈라디아서 4장 7절)라고 부르짖게 하십니다. 바로 이 성령께서 그들이 관리나 당국자 앞에서 해야 할 말을 가르쳐 주십니다(누가복음 12장 12절).

바로 이 성령께서 그들에게 지혜를 주십니다(사도행전 6장 10절). 바로 이 성령께서 그들이 어떤 결정을 내려야 하는지를 이끄십니다(사도행전 15장 18절).

바로 이 성령께서 그들에게 그리스도께서 부여받으신 임무, 곧 죄를 용서하고(요한복음 20장 23절) 온 인류에게 하나님의 끝없는 사랑과 자비가 담긴 기쁜 소식을 전할(마가복음 16장 20절) 임무를 계속할 수 있도록 능력을 베푸십니다.

고요하고 평화롭기 그지없는 〈성령 강림〉 성화상은 성령께서 주시는 새 생명을 어떤 기록된 문서보다도 더 잘 표현하고 있습니다. 그것은 신적인 사랑의 삶입니다. 그리스도께서 자신의 성령 안에서 사셨듯이 우리도 그와 똑같은 성령 안에서 사는 것이지요.

그래서 바울은 이렇게 말할 수가 있었던 것입니다:

나는 그리스도와 함께

십자가에 못 박혔습니다.
이제 사는 것은 내가 아닙니다.
그리스도께서 내 안에서 사시는 것입니다.
내가 지금 육신 안에서 사는 것은
나를 사랑하셔서,
나를 대신하여 자기 몸을 내주신
하나님의 아들을 믿는
믿음 안에서 사는 것입니다.
갈라디아서 2장 20절

  십자가에 못 박혀 죽으셨다가 부활하신 그리스도의 성령께서는 우리도 그분이 그러셨듯이 세상에서 살아가나, 결코 세상에 속하지 않도록 해주십니다.

신앙 공동체

 내재하시는 영, 사랑의 하나님의 영, 살아 계신 그리스도의 영은 믿는 이들 사이에서 새로운 공동체를 창조하시는 거룩하신 영입니다.

　이것이 성화상 화가가 표현한 영성 생활의 두 번째 측면입니다. 나는 이 〈성령 강림〉 성화상이 우리에게 공동체에 대하여 무엇을 말하고 있는지 묵상하면서 깊은 감동을 받았습니다.

　우리는 매우 외로운 시대에 살고 있습니다. 따라서 우리는 공동체를 우리가 쉽게 상처받을 수 있는 곳이라고 생각하는 경향이 있습니다.

그 공동체 속에서 우리는 우리 자신을 온전히 드러냅니다. 또 그 공동체 속에서 다른 이들을 깊이 알아갑니다. 그리고 그 공동체 속에서 지속적으로 친밀한 관계를 발전시켜 갑니다.

이런 공동체!
우리는 얼마나 이와 같은 공동체를 동경해 왔습니까!

그것은 하나의 이상입니다.
우리는 꿈속에서 그런 공동체를 생생하게 그려봅니다.

그러나 그것은 꿈일 뿐, 우리 삶의 일상 현실 속에서는 좀처럼 발견하기가 쉽지 않습니다.

〈성령 강림〉은 상호간 관계의 중요성을 부인하지 않으면서도, 전혀 다른 관점에서 공동체를 그리고 있습니다. 이 성화상이 우리에게 상기시켜 주는 것은 이런 것들입니다.

곧 공동체란 뭐니뭐니해도 성령의 선물이라는 것이지요.

상호 적합성이나 주고받는 애정이나 공동의 관심사에 근거하여 세워지는 것이 아니라는 것입니다.

오히려 공동체는 똑같은 신적 숨결을 받아 들이쉬고, 똑같은 신적 불꽃으로 가슴을 불태우며, 똑같은 신적 사랑에 포근히 안김으로써 세워지는 것입니다.

바로 이 내재하시는 하나님께서 우리가 서로 친교를 나누며 하나가 되게 하십니다. 이 메시지를 통하여 우리는 도전을 받기도 하고 위로를 받기도 합니다.

스스로 내린 해결책으로 우리 자신의 연약함을 치유하려고 할 때 우리가 얼마나 무능한가를 알고 도전을 받습니다.

그리고 하나님께서는 우리가 가장 갈망하는 일치를 우리 가운데 창조해 주시고자 진정으로 간절히 바라신다는 것을 내다보고 위로를 받습니다.

성화상에 그려진 열두 제자는 완벽하게 조화를 이룬 공동체를 형성하고 있습니다. 그들의 일치된 모습은 역비례 원근법 곧 우리가 뒷배경 쪽으로 눈길을 돌릴수록 사람들을 더 크게 그리는 방법을 사용하고 있기 때문에 한층 더 강화됩니다.

제자들 머리를 둘러싸고 있는 금빛의 후광 때문에 한층 더 강화되는 것이지요. 그들은 실로 한 성령으로 연합된 채 한 몸을 이루고 있습니다.

그러나 그들은 서로를 바라보지도 않습니다. 그리고 서로에게 말을 걸지도 않습니다. 그리고 서로 더불어 일을 하고 있지도 않습니다.

그들은 내재하시는 하나님께 더불어 귀를 기울이고 있습니다. 그들을 하나되게 하는 것은 자신들의 공통된 심리적인 상태가 아닙니다.

그들은 서로가 얼마나 다른가요? 왼편에서 우리는 베드로·마태·누가·안드레·바돌로메·도마를 봅니다. 오른편에서 우리는 바울·요한·마가·시몬·야고보·빌립을 봅니다.

복음서 이야기는 이 사람들이 한데 모인 게 자신들의 성격의 공존성 때문이 아님을 뚜렷이 하고 있습니다.

그들을 일치 안에 한데 묶는 것은 위에서부터 자신들에게 내려오시는 신적인 성령의 빛줄기입니다. 이 성령께서 그들이 예수님께 받은 그 말씀을 이해하도록 그들의 마음을 열어 주셨습니다.

이 사실은 왜 바울과 네 제자가 책을 들고 있고, 다른 제자들은 두루마리를 들고 있는지 설명해 줍니다.

그들에게 하나님의 말씀이 공통된 선물로 주어집니다. 그들이 공통된 과제로 하나님의 말씀을 받아들입니다. 이 하나님의 말씀이 그들을 하나의 거룩한 신앙 공동체 안에 한데 묶어 줍니다.

여기서 교회의 신비가 드러납니다. 이 성화상이 매우 설득력 있게 보여주는 것은 무엇일까요?

그것은 교회란 다양성 속의 일치라는 점입니다. 열두 제자를 자세히 보면 무엇이 보입니까? 이 공동체의 구성들은 저마다 독특한 사람이라는 점이지요.

이 성화상 화가는 각 사도와 제자에게 고유한 개성을 부여하기 위하여 무진장 애를 쓰고 있습니다.

그들의 머리카락, 그들의 두 눈, 그들의 머리의 움직임, 그들의 몸짓, 그리고 그들이 다리와 발을 꼬고 앉아 있는 방식이 너무도 다릅니다. 그래서 저마다의 개인적인 모습을 기억해 내기가 무척 쉽습니다.

눈앞에 보는 것 같은 이런 생생한 차이는 다양한 색깔을 진하고 풍족하게 사용함으로써 한결 돋보입니다.

그들이 앉아 있는 주변은 점잖은 황갈색으로 칠해져 있는데 반하여, 그들이 입고 있는 망토나 겉옷들은 선홍색·진초록·노랑색·자주색·갈색·회색인 것을 보십시오!

게다가, 겉옷 색깔이 저마다 다르면서도 한데 어우러져 아름다운 조화를 이루고 있지 않습니까? 어떤 색깔도 다른 색깔을 지배하지 않습니다.

비록 요한의 빨강색, 베드로의 노랑색, 안드레와 시몬과 빌립의 초록색이 현저한 대조를 이루고 있을지라도.

열두 제자를 한 명 한 명 바라보며 시간을 보내는 것은 기쁜 일이지요. 저마다 자기 자신의 방법으로 이야기를 합니다.

바울, 그는 똑바로 앉아 있습니다. 보기에 꽤 엄격하고 지적입니다.

베드로, 그는 약간 구부리고 있습니다. 좀더 듣고싶어 바짝 다가가는 분위기입니다.

요한, 그는 머리를 기울인 채 애정을 쏟습니다.

반면, 마태나 마가, 그들은 팔을 뻗치고 모든 것을 설명하려고 애를 씁니다.

빌립, 그는 오른쪽 구석에 다리를 꼬고 앉아 있습니다. 격식 따위는 버리고 가벼운 넋두리라도 나누려는 마음입니다.

왼쪽에 있는 도마, 그는 무척 어려 보입니다. 그래서 도대체 "그"가 예수님과 체험한 것을 어떻게 설명할 것인지 의아심마저 듭니다.

나는 더 가까이 다가가면 갈수록 더 많은 차이점들을 보게 됩니다.

그러나 몇 발자국 물러나 볼 때마다 거듭 깨닫는 게 있습니다.

곧 그들이 한 공동체에 속해 있고, 한 몸을 이루고 있으며, 한 분이시고 유일하신 주 예수 그리스도의 성령으로 한데 묶여 있다는 사실입니다.

세상을 해방하기

우리 안에 계신 하나님, 곧 성령께서 수놓으신 신앙 공동체는 그 구성원들의 행복만을 위해서 만들어진 것이 아닙니다. 세상의 해방을 위해서도 만들어진 것이지요.

이것이 〈성령 강림〉 성화상에서 볼 수 있는 영성 생활의 세 번째 측면입니다.

이 성화상이 우리를 힘있게 상기시키는 것은 무엇인가요? 그것은 우리를 한데 불러 한 몸 되게 하신 그리스도의 성령께서는 우리를 세상에 보내시어 모든 백성이 예수님의 죽으심과 부활하심을 통하여 완성된 그 구원의 열매를 함께 나눌 수 있게 하신다는 사실입니다.

이 〈성령 강림〉 장면 밑부분에 있는 캄캄한 문 안에 서 있는 왕 같은 모습은 해방을 필요로 하는 세상에 관하여 말하고 있습니다. 이 모습은 성령 강림을 이해하는 데 반드시 필요합니다.

나는 처음 이 성화상을 보고 마음이 산란해졌습니다.

어리둥절하니 굳은 표정을 짓고 있는 이 사람! 어색해 보이는 왕관을 쓰고, 멍청한 얼굴에 칙칙한 황갈색 옷을 입은 채, 두 팔을 벌려 그 위에 기다란 흰 옷감을 들고 있는 이 사람!

바로 이 사람 때문이었습니다. 사도들과 제자들의 생기 있는 모습과는 대조적으로, 이 사람은 생명력 없는 꼭두각시처럼 보였습니다.

그리고 시커먼 어둠 외에는 아무 것도 들여다볼 수 없는 이 이상한 타원형 문은 또 왜 여기 있는 걸까요? 나는 우아하게 그려진 이 〈성령 강림〉 장면이 거기 밑부분에 있는 이 보기 흉한 "장면" 때문에 망쳐 버렸다고 느꼈습니다.

제자들이 이루고 있는 이 열린 공간이 왜 완전히 열려져 있지 않은 걸까요? 그랬더라면 훨씬 더 조화롭고 평화롭게 보였을 텐데.

나는 이 성화상에 대한 주석을 다양하게 읽어보았습니다. 특히 파울 무라토프와 레오니드 우스펜스키와 다니엘 루소의 주석을 읽기 시작하면서, 나의 감상적인 욕망이 이 성화상 화가의 의도와는 사뭇 다르다는 사실을 서서히 깨달았습니다.

어두운 문 안에 서 있는 그 뻣뻣한 왕은 거기에 있을 필요가 있습니다. 〈성령 강림〉은 구원 이야기의 아름다운 끝이 아닙니다. 오히려 그것은 선교의 시작이지요.

그 선교의 사명은 바로 이런 것들입니다. 곧 세상으로 나아가라! 모든 민족을 제자로 삼아라! 성부 성자 성령의 이름으로 그들에게 세례를 베풀어라! 그리고 예수께서 우리에게 주신 그 모든 계명을 지키도록 가르쳐라!

성령께서는 예수님의 제자들을 생기 넘치는 신앙 공동체로 한데 묶어 주십니다. 그 똑같은 성령께서 그들을 세상으로 보내며 "어둠과 죽음의 그늘"(누가복음 1장 79절) 속에 살고 있는 이들을 해방하게 하십니다.

가장 오래된 〈성령 강림〉 성화상들 속에는, 성령의 소리를 듣고 사방에서 모여온 군중들(사도행전 2장 5절)이 그 성화상 밑부분에 그려져 있습니다.

그러나 나중에 성화상 화가들은, 전체적인 구도에서 엄숙한 고요함을 유지하기 위하여, 그 군중을 하나의 상징적인 모습으로 대치하였습니다.

이러한 모습은 종종 "우주"라는 이름의 옷을 입고 나타나기도 합니다. 이 우주는 우울한 노인입니다. 이 우주는 어둠 속에 살고 있는 온 백성들, 곧 사도들이 가르쳐 준 그 가르침의 빛을 받은 이들을 대표하지요.

나는 이 해석을 읽고 나서, 성화상을 새로운 차원에서 바라보게 되었습니다. 그것은 깊디깊은 내적 평화와 조화를 갖춘 성화상이 되었을 뿐만 아니라, 소명을 지닌 성화상이 되었습니다. 행동하라는 긴급한 호소가 덧붙여졌습니다.

많은 사람들이 어둠 속에 살면서 하나님의 말씀의 빛을 기다리고 있습니다.

이제 나는 분명히 볼 수 있습니다. 그것은 열두 제자가 선포한 신적인 말씀을 기록해 놓은 열두 개의 두루마리를 이 우주가 하얀 아마포 안에 들고 있는 모습이지요. 그 하얀색은 우주가 위치하고 있는 그 어둠과 뚜렷이 대조됩니다.

하나님의 말씀의 빛은 사로잡힌 세상에 전해질 필요가 있습니다. 따라서, 이 평온한 〈성령 강림〉 장면은 해방시키라는 심오한 부르심이 됩니다.

열두 제자의 손에 놓여 있는 그 두루마리와 책들은 그들 자신의 깨달음 위하여 거기에 보관하게 되어 있는 것이 아닙니다.

오히려 시공을 초월하여 사람들의 손에 넘겨지고 또 넘겨져서 모든 사람들이 성령께서 가져다주시는 새 생명에 참여할 수 있도록 되어 있습니다.

이 시간 나는 내 가슴에 머무는 것들로 골똘히 묵상의 영성에 젖어듭니다:

이 나라의 물질주의와 쾌락주의!
아시아 · 아프리카 · 라틴아메리카의 가난!
레바논 · 아일랜드 · 중앙아메리카 등의 폭력!

그리고 내 가슴에 떠오르는 그림자는 여기서 멈추지 않습니다:

거대하고 비인간적인 기관의 철책 뒤에 갇힌 이!
장애가 있는 이!
조금밖에 또는 거의 돌봄을 받지 못하는 병든 이!
교육을 받을 기회가 좀처럼 오지 않는 젊은이!
합당한 일을 할 수 있는 기회가 주어지지 않는 이!
임종 시간이 임박하여 홀로 죽어 가는 이!
그리고 외롭고 두려워하는 모든 이!

이런저런 것들을 상기하고 생각하다보면, 캄캄한 문 안에 서 있는 굳은 표정의 그 꼭두각시 왕은 불길한 특성을 지니게 됩니다. 그리고 나아가서는 세계적인 그물망을 형성하고 있는 개인적이고 사회적인 죄에 사로잡혀 있는 인류의 대표자가 됩니다.

　이 성화상 밑부분에 있는 어두운 동굴을 모른 체할 수가 없습니다. 그 동굴은 우리가 살고 있는 이 혹성 위에서 벌어지고 있는 격렬한 투쟁에 대해서 말하고 있습니다.

　이 혹성은 "개몽된" 인류가 발명하고 축적해온 파괴적 세력 때문에 그 존재가 갈수록 위험스러워지고 있습니다.

　왜 그 우울한 통치자가 거기 남아 있어야 할 필요가 있을까요? 그것은 성령의 강림이 결코 감상적으로 흐르지 않기 위해서입니다. 해방을 갈망하는 세상으로 늘 내려오시기 위해서입니다.

　누가 이 해방의 과제를 떠맡을 수 있을까요? 우리가 개인으로서 세상의 긴급한 필요들에 응답하고자 할 때, 우리는 이내 우리 자신이 이해와 통제를 뛰어넘어 "권력과 권세"에 포위되어 있음을 발견하게 될 것입니다. 그렇게 되면, 우리는 보나마나 절망에 빠지고 말 것입니다.

　그러나 〈성령 강림〉은 하나님이 빚어 만드신 공동체가 진실로 정의와 평화를 위한 투쟁에 참여하되, 그것 때문에 파괴될 수는 없다는 것을 보여줍니다.

 비록 이 공동체는 매우 제한된 능력을 지닌 연약한 인간들로 구성되어 있지만, 이 공동체에게 그 해방하는 능력을 주신 이는 바로 하나님의 성령이십니다.

 따라서, 이 성화상은 우리에게 세상의 해방에 대한 희망을 심어주지요. 또 그 해방을 위하여 일하도록 격려하기도 합니다.

닫는 말

〈성령 강림〉은 러시아 성화상 화가가 15세기 말엽에 그린 것입니다. 이 그림이 보여주고 있는 것은 하나님의 성령이 우리 마음속에 거하시고 우리의 사로잡힌 세상을 해방하도록 우리를 보내시면서, 새로운 신앙 공동체를 형성하신다는 사실입니다.

이 성화상은 기도와 교역을, 묵상과 행동을, 성령 안에서의 고요한 성장과 우리의 불안한 세상에 대한 사명을 한데 모읍니다.

세상을 해방하라

이 성화상이 선포하는 것은 무엇일까요? 그것은 곧 신앙 공동체란 우리가 거할 안전한 장소이지만, 소명을 받고 세상을 해방하기 위하여 앞으로 나아가게 하는 센터이기도 하다는 사실입니다.

레오니드 우스펜스키는 우리에게 이렇게 말하고 있습니다. 곧 〈성령 강림절〉에 러시아 교회에서 특별히 공경받는 성화상이 두 개 있는데, 〈성령 강림〉 성화상과 〈성 삼위일체〉 성화상이 그것이라고.[12]

그리하여, 신앙 공동체의 탄생과 삼위일체 하나님 사이에는 밀접한 연관이 있음을 표현하고 있습니다.

실제로, 제자들이 앉아 있는 조화로운 원은 세 신적 인물들 사이의 조화를 반영하고 있습니다. 그것은 안드레이 류블레프가 자신의 〈성 삼위일체〉 성화상에서 가장 아름답게 그리고 있습니다.

교회의 신비와 하나님의 내적 생명을 드러내고 있는 신비는 결코 분리될 수 없습니다. 이 점을 우리에게 여실히 볼 수 있도록 도와주는 게 러시아의 성화상 작품들입니다.

성부 성자 성령 하나님이나 삼위일체 하나님의 이름으로 그 생명력을 더해 가는 공동체인 교회는 둘 다 사도 신조 속에 포함되어 있습니다.

만일 우리가 우리의 마음과 가슴속에 이 내적 연관성을 간직한다면, 우리는 교회를 우리의 영성 생활에 도움이 될 수도 있고 안 될 수도 있는 인간적인 조직으로만 취급하려는 경향을 피하게 될 것입니다.

하나님의 신비와 교회의 신비 사이의 연관성은 안토니 대주교의 다음과 같은 글에서 아름답게 표현되고 있습니다:

> 그리하여, 구분은 되되 나누어지지 않는 성 삼위일체의 유사성에 따라, 하나의 새로운 존재가 형성되어 있습니다. 그것은 거룩한 교회입니다. 그 존재는 하나이나, 그 인격은 다수입니다. 그 머리는 그리스도이고 그 구성원은 천사, 예언자, 사도, 순교자, 그리고 신앙 안에서 회개한 모든 이입니다.[13]

우리는 교회의 이런 삼위일체적 비전을 통하여 형제자매다운 사랑의 의미를 충분히 이해할 수 있습니다.

예수께서는 자기 제자들에게 이미 이렇게 말씀하신 적이 있습니다. 그들에 대한 자신의 사랑은 자신에 대한 성부의 사랑만큼이나 충만하다고. 그리고 서로에 대한 그들의 사랑은 그들에 대한 예수님의 사랑만큼이나 충만하다고.

> 아버지께서 나를
> 사랑하신 것과 같이,
> 나도 너희를 사랑하였다.
> 너희는 내 사랑 안에 머물러 있어라.
> 나의 계명은 이것이다.
> 내가 너희를 사랑한 것과 같이,
> 너희도 서로 사랑하여라.
>
> 요한복음 15장 9, 12절

성령 강림 때, 그분은 그들에게 성령, 곧 성부와 성자께서 서로 사랑을 주고받으신 그 사랑의 영을 보내십니다. 그래서 그 신적인 삶을 닮은 하나의 공동체를 창조하십니다.

아담과 이브가 하나님의 형상대로 창조된 것과 꼭 마찬가지로, 교회는 그리스도 예수에 따라 계시된 하나님의 삼위일체적 삶의 형상대로 창조되었습니다.

따라서, 중요한 것은 "내가 너희를 사랑한 것처럼 너희도 서로 사랑하라"는 예수님의 말씀이 자신의 가장 친한 친구들, 곧 자신의 제자들에게 직접 하신 말씀이라는 사실입니다.

예수님을 알았던 그들은 공동 생활 속에서 그분의 사랑을 표명함으로써, 공포로 가득 찬 이 세상 한가운데서 희망의 징표가 되라는 부르심을 받았습니다.

〈성령 강림〉은 우리를 하나님의 내적 생명의 신비로 이끄는 문입니다. 그것을 처음 보았을 때, 나는 어떤 매력도 느끼지 못했습니다.

그러나 그 성화상 앞에 한동안 머물면서 영성 깊은 기도를 드리는 동안, 그것은 서서히 내 앞에 그 자신을 열어 보이며 구원의 이야기를 해주었습니다.

나는 성화상을 앞에 놓고 깊이 바라보면서 이 〈묵상의 영성〉을 읽는 이들도 모두 "그리스도의 헤아릴 수 없는 부"를 충분히 알게 되기를 바랍니다.

그리고 나아가서는 "만물을 창조하신 하나님 안에 영원

전부터 감추어져 있는 비밀의 경륜"을 더욱 분명하게 보게 되기를 바랍니다(에베소서 3장 8-9절).

나오는 말

이 책에 한데 모아 놓은 성화상들은 오랫동안 나에게 낯익은 것들입니다. 나는 이 성화상들의 복사본들을 교회에서, 수도원에서, 기도원에서, 묵상의 집에서, 피정 센터에서, 영성 센터에서, 그리고 가정에서 많이 보아 왔습니다.

그러나 내가 그 성화상들을 성화상 화가가 의도한 대로, 곧 장식품으로가 아니라 거룩한 장소로 보기 시작한 이래, 그 성화상들은 비로소 그 비밀을 나에게 말해주기 시작하였습니다.

나가는 말

그 성화상들이 나에게 말해 준 것이 무엇이냐고요? 그것은 곧 우리 모두가 성부 성자 성령 속에서 사랑스런 공동체 속으로 들어오도록 부르심을 받고 있다는 것입니다.

또 하나님께서 새 언약의 방주가 되도록 택함 받은 동정녀 마리아가 예수님을 하나님께 충만히 속하는 길로 택하라고 우리를 부드럽게 초청하고 있다는 것입니다.

인간의 마음 깊은 곳은 물론 하나님의 마음 깊디깊은 곳까지 들여다보시는 예수님이시야말로 하나님이 우리 가운데 구원의 손길을 펴시며 현존해 계시는 것을 충분히 드러내시고도 남음이 있다는 것이지요.

마지막으로, 그 성화상이 나에게 말해 준 것은 성령으로 빚어 만드신 새로운 공동체를 통하여 그리스도인들은 하나님의 사랑을 눈으로 보여줌으로써, 세상의 해방을 위하여 일하도록 부르심을 받았다는 사실입니다.

본디 나는 이 성화상들을 하나씩 하나씩 따로 들여다보았습니다. 그런 동안에 그것들이 서서히 하나의 일치를 이루기 시작하였습니다.

동시에 그들은 하나님의 공동체에서 신앙 공동체로의 움직임, 곧 마리아의 아들이시오 하나님의 아들이신 예수님을 통하여 실현된 하나의 움직임을 보여줍니다.

또 동시에 그들은 하나의 이야기를 말해 주기도 합니다. 그것들이 우리에게 말하는 그 이야기가 무엇이냐고요? 그것은 참 인간이시오 참 신이신 예수께서 우리를 부르시어 하나님의 내적 생명의 일부가 되라고 하신다는 사실입니다. 우리가 이 땅에서 여정을 다 마쳤을 때뿐만 아니라, 지금 신앙 안에서 한데 어울려 나아오는 이 시간에도.

이 책 〈묵상의 영성〉에 실린 순서에서, 〈성 삼위일체〉는 〈성령 강림〉 공동체의 원형이 됩니다. 그리고 〈성령 강림〉 공동체는 〈성 삼위일체〉를 반영합니다.

이 두 개의 성화상은 하나님의 말씀의 신비로운 성육신에 따라 연결됩니다. 바로 그것이 〈블라디미르의 동정녀〉와 〈즈베니고로드의 구세주〉의 성화상들 안에 표현되어 있습니다.

여기 있는 네 개의 성화상에서는 말하고 있는 하나님은 어떤 분이신가요? 그분은 눈부실 정도로 찬란한 신적인 빛

나가는 말

속에 숨어 계시지 않습니다. 그분은 자유를 열망하는 세상으로 가까이 다가오시는 분입니다.

이 네 개의 성화상 안에는 저마다 세상이 들어 있습니다. 그 세상은 성 삼위일체의 제단 앞에 열린 공간으로 나타납니다. 그 세상은 동정녀와 아이가 깃들어 있는 나무틀 안에 나타납니다. 그 세상은 구세주의 동정어린 얼굴 외에는 남은 것이 하나도 없는 손상된 나무 패널 안에 스스로를 드러냅니다.

마지막으로, 그 세상은 〈성령 강림〉 장면 가장자리 캄캄한 문 쪽에 굳은 표정으로 서 있는 왕에게서 그 모습을 드러냅니다.

하나님께서는 세상 사람들을 지극히 사랑하신 나머지 우리를 택하시어 하나님의 자기 계시의 도구가 되게 하셨습니다. 순수하고 비물질적인 천사가 아니라 먼지로 만들어진 죄 많은 남녀들을 택하시어 성부 성자 성령 안에 표현된 하나님의 내적 생명의 신비를 나누게 하셨습니다.

  실상 주님께서는
  천사들을 도와주시는 것이 아니라,

아브라함의 자손을 도와주셨기 때문입니다.

히브리서 2장 16절

하나님은 우리한테 어떤 비밀도 갖고 계시지 않았습니다. 영원부터 말씀해 오시고 한 여성의 자궁 속에서 인간의 육체를 입으신 그 말씀 안에서 그리고 그 말씀을 통하여, 하나님께서는 우리가 모든 것을 알게 해주셨습니다.

그리하여, 우리는 하나님께서 세세토록 숨기고 계시던 신비를 받아 누리는 특권을 부여받게 되었습니다. 예수께서 그러신 것처럼 우리도 하나님께 밀접히 연결되게 되었습니다. 진실로 하나님의 자녀가 된 것이지요.

이 네 개의 성화상은 이 거룩한 진리를 네 개의 다른 방법으로 말해 줍니다. 그것들이 저마다 따로따로, 그리고 그 모든 게 더불어, 우리에게 흘낏이나마 보여주는 게 있습니다.

그것은 바로 예수께서 우리를 위하여 준비해 놓으신 사랑의 집입니다. 거기서 사는 기쁨을, 지금 여기서도, 맛보게 하려고 우리를 초청합니다.

나가는 말

이 묵상의 영성에 대하여 글을 쓰는 일이 내게는 큰 기쁨이었습니다. 기도드리다 보니 어느새 쓰는 게 되었고, 한참 쓰다 보니 어느새 기도드리는 게 되었습니다. 이 과정에서 힘도 많이 들었지만, 실은 그보다 더 많은 힘을 얻었습니다.

사랑하는 형제자매 여러분, 내가 여기서 간절히 바라는 게 있습니다. 그것은 이 묵상의 영성을 읽는 여러분도 이 같은 기쁨을 맛보셨으면 하는 것입니다.

그래서 이 거룩한 상들 속에 나타난 주님의 아름다우심을 바라보려는 여러분의 영성적 갈망과 영혼의 목마름이 더욱더 깊어질 수 있기를 희망합니다.

참고문헌

〈성 삼위일체〉 묵상

1. 이 성화상을 묵상하기 위하여, 나는 다음과 같은 연구서들을 참조하였습니다.

Paul Evdokimov, *L'Art de l'Icône: Théologie de la Beauté*, Paris: Desclée de Brouwer, 1970.

Leonid Ouspensky and Vladimir Lossky, *The Meaning of Icons*, Crestwood, NY: St. Vladimir's Seminary Press,

1983.

〈블라디미르의 동정녀〉 묵상

2. 이 성화상을 묵상하기 위하여, 나는 다음과 같은 연구서들을 참조하였습니다:

Paul Evdokimov, 앞의 책, 특히 217-23쪽: "L' Icône de Notre Dame de Vladimir."

Egon Sendler, L' Icône, Image de l' Invisible: Eléments de Théologie Esthétique et Technique, Paris: Desclée de Brouwer, 1981.

〈즈베니고로드의 구세주〉 묵상

3. 이 성화상을 묵상하기 위하여, 나는 주로 다음과 같은 책들을 사용하였습니다:

V. N. Lazarev, The Moscow School of Icon Painting,

Moscow: Isskustvo, 1971.

M. Alpatov, *Andrei Rubliov*, Moscow: Izobrazitel' noe Isskustvo, 1972.

4. 류블레프 탄생 625주년을 기념하여 *Soviet Life*(1985년 10월) 55쪽에 실린 "The Russian Renaissance: Andrei Rublyov"를 보십시오.

5. M. Alpatov, 앞의 책, 74쪽.

6. V. N. Lazarev, 앞의 책, 21쪽.

7. V. N. Lazarev, 앞의 책, 21쪽.

8. M. Alpatov, 앞의 책, 74쪽.

9. V. N. Lazarev, 앞의 책, 22쪽.

10. M. Alpatov, 앞의 책, 73쪽.

〈성령 강림〉 묵상

11. 이 성화상을 묵상하기 위하여, 나는 다음과 같은 연구서들을 참조하였습니다.

Paul Muratoff, *Trente-cinq Primitifs Russes, Collection Jacques Zolonitsky, à la Vieille Russie*, Paris: 18 Faubourg Saint-Honoré, 1931.

L. Ouspensky and V. Lossky, 앞의 책.

Daniel Rousseau, *L'Icône, Splendeur de Ton Visage*, Paris: Théophanie, Desclée de Brouwer, 1982.

12. L. Ouspensky and V. Lossky, 앞의 책, 208쪽.

13. L. Ouspensky and V. Lossky가 앞의 책 208쪽에서 인용한 Archbishop Anthony, *Collected Works*, vol. II, 75-76쪽을 다시 참조.

옮긴이의 말

   오늘같이 복잡하고 급변하는 생활 속에서 그리스도인들이 상실해 가고 있는 게 있습니다. 그것이 무엇일까요? 그것은 다름 아닌 묵상의 삶입니다.

   묵상이 없기에 사람들이 갈피를 못 잡고 쓰러집니다. 묵상이 없기에 삶의 의미도 삶의 목표도 삶의 희망도 사라져 버렸습니다. 스트레스와 우울, 불안과 허무, 짜증과 분노, 나태와 권태만이 가득 자리를 메우고 있습니다. 묵상을 잃어버린 그 영혼의 빈자리를!

실로, 묵상이란 조용한 가운데 주님을 만나는 것입니다. 가슴 깊이 주님을 생각하는 것이지요. 아니 그 주님의 아름다우심을 바라보는 것이라고 해야 할 것입니다.

묵상을 하다보면, 주님의 피묻은 손과 고난의 십자가가 바라보입니다. 우리를 향한 그 크신 사랑이 바라보입니다. 이 묵상을 통하여 우리는 주님 안에 거하게 되고, 세미한 주님의 음성을 듣게 됩니다.

그 시간이 얼마나 기다려지는지요! 그래서 묵상은 내 영혼의 기다림입니다.

물론, 묵상의 방법은 여러분의 형편과 처지에 따라 매일매일 아주 다양하게 개발할 수 있을 것입니다. 말씀을 묵상할 수도 있고(시편 1편 2절; 119편 15절), 기사를 묵상할 수도 있습니다(시편 77편 12절; 145편 5절). 무한한 교과서인 자연을 묵상할 수도 있고, 신앙 선배들의 체취가 담긴 고전을 묵상할 수도 있습니다.

그리고 또 하나의 방법이 있는데, 곧 상징을 통한

묵상입니다. 그리스도교의 소중한 상징인 성만찬, 십자가, 성화, 촛대, 성화상 등을 통하여 묵상의 영성을 지펴 가는 것이지요.

그런 의미에서, 현대 그리스도인들에게 가장 사랑받는 영성 신학자요 목회 상담가인 헨리 나웬이 이 조그만 책 속에서 그리스도교의 오랜 역사적 상징 가운데 특별히 성화상(聖畵像)을 통한 묵상에 주목을 하고 있음은 매우 중요한 영성적 접근이라고 생각됩니다.

십중팔구, 여러분도 이 책을 펼치자마자 글자 한 자 한 자에 담겨 있는 그의 섬세한 영적 통찰에 깊이 매료되지 않을 수 없을 것입니다.

그리스도교 역사에서 성화상(icon)은 아이콘 또는 이콘이라고 불리는 것입니다. 특히 러시아 교회들을 중심으로 널리 알려져 있는 그리스도교의 상징적 보화 가운데 하나입니다.

불행하게도 한때, 교회 역사에서는 정치적인 갈등과 교리적인 독선 때문에 이 성화상의 상징적 의미를 오해하거나 과소평가 했던 적도 있었습니다.

그러나 성화상은, 다 아시겠지만, 상징일 뿐입니다. 그리스도교 신앙을 가르치기 위하여 교회가 사용하는 도구들 가운데 하나일 뿐이라는 말이지요.

그래서 동방정교회의 탁월한 신학자 레온티오스는 성화상이야말로 우리에게 하나님을 상기시키는 열려진 책이라고 말하기도 하였습니다.

물론 성화상의 재료가 되는 쇠나 나무나 페인트는 그 자체로는 아무런 의미도 없습니다. 그러나 신심이 깊은 화가가 그 재료를 이용하여 하나의 거룩한 작품을 완성하였을 때 거기 그려져 있는 분 곧 십자가에 못 박히신 그리스도를 바라보며 묵상하는 것은 우리 신자의 당연한 도리요 의무가 아니겠습니까?

그런 의미에서, 그 동안 그리스도교의 상징적 유산들을 가볍게만 여겨왔던 우리 개혁교회 전통에서도 오늘 새롭게 이런 성화상의 신비를 재발견하려는 움직임이 일고 있는데, 늦었지만 참 다행한 일이 아닐 수 없습니다.

사실, 우리 그리스도인에게는 주님을 생각하는 것만으로도 가슴이 벅차 오릅니다. 나를 위해 십자가를 지시고 그 못자국 난 상처투성이 손을 내미시며 어서 오라고 부르시는 주님! 그 주님을 생각할 때, 우리 영혼의 기쁨은 이루 다 형용할 수가 없습니다.

그런데 주님의 아름다우심을 직접 바라보게 되다니! 그것은 우리 신자들에게 무한한 은혜가 아니고 무엇이겠습니까?

주님의 모습을 사랑어린 눈으로 바라보는 일! 그것은 우리 온 존재가 드리는 영혼의 기도요, 영혼의 호흡이요, 영혼의 훈련입니다.

영혼의 치유와 영혼의 돌봄 또한 바로 거기서 흘러나와 넘실거릴 것입니다. 주님의 아름다우심을 바라보고 있는 가운데, 우리의 옛자아는 극복되고 우리의 속사람은 주님의 형상을 닮아가게 될 것입니다.

따라서, 여기 세계적으로 존경받는 영성 지도자 헨리 나웬이 네 개의 대표적인 그리스도교 성화상을 바라보며 묵상하는 방법을 어떻게 써가고 있는지 우리는 매우 주의깊게 들어볼 필요가 있습니다.

아직까지 우리는 헨리 나웬보다 더 감동적으로 그리스도교 묵상의 영성을 심층적으로 내보인 이들을 찾아보지 못했습니다.

오늘 영성이라는 말이 많이 오르내리지만, 근본적인 영성적 갈증과 그 향방을 제시해 주지 못하고 있는 우리의 척박한 상황이 안타까운 현실입니다.

그래서 용기를 내어 다시 한번 헨리 나웬이 그토록 가슴 뜨겁게 체험했던 묵상의 영성을 이 땅 개혁교회의 전통에도 소개하지 않으면 안 되겠다는 생각이 들었습니다.

이미 이 귀중한 책은 전세계적으로 18판이 찍혀 나갔습니다. 무려 15만 명의 독자들이 헨리 나웬의 따뜻하고 심오한 글쓰기를 통하여 깊은 영감을 받았지요.

이것은 초기에 세계의 여러 출판사에서 동시에 출판될 정도로 큰 반향을 일으켰던 책입니다. 물론 이

번에 펴내는 이 책은 그 가운데서 아베마리아출판사와 정식으로 저작권 계약을 맺은 15주년 기념판으로서, 읽는 이에게 더욱 신선한 충격으로 다가갈 것이라고 확신합니다.

하지만, 사랑하는 형제자매 여러분, 여러분이 그동안 성화상에 대한 전이해가 없었을 수도 있을 것입니다. 그러나 우리는 누구라도 이해하기 쉽게 감동적 필체로 풀어쓴 헨리 나웬의 영성적 묵상 속에서 과연 우리 그리스도교 영성 생활의 진수가 어디에 있는가를 쉬 알게 될 것입니다.

시끄러운 도시 한복판, 그 불타는 거리 한가운데서 이 〈묵상의 영성〉을 속깊이 싹틔우다보면, 어느새 주님의 구원하시는 사랑이 물밀 듯 밀려오는 커다란 감격을 누리게 될 것입니다.

그런데 이 책의 출판이 마무리될 즈음, 인애가 갔습니다. 어느날 갑자기, 너무도 갑자기 떠나갔습니다. 하나님의 영원하신 품으로. 더 이상 아픔도 슬픔도 눈물도 고통도 없는 곳으로.

15년을 다운증후군으로 살아온 인애! 처음에는 충격과 슬픔으로 한동안 마음이 힘들고 괴로왔던 게 사실입니다. 제대로 떠나보내 주지 못한 우리 모두의 마음을 뭐라 다 형용할 수 있겠습니까?

그러나 우리는 이내 하나님의 섭리를 깨달을 수 있었습니다. 왜 이 아이를 다른 가정에 주시지 않고 그 좋으신 홍 목사님과 사모님께 주셨는지, 왜 이 아이를 이렇게 갑자기 우리에게서 데려가셨는지, 이제 우리가 이 아이를 기억하며 어떻게 살아가야 할 것인지를…….

우리는 서서히 가슴 깊은 곳으로부터 인애를 바라볼 수 있었습니다. 주님의 품에 안겨 온전한 모습으로 활짝 웃고 있는 인애의 모습이 눈에 선하게 보이기 시작하였습니다. 너무도 아름다운 모습이었습니다. 큰 위로가 되었습니다. 세상이 줄 수 없는…….

그리고 그렇게 속깊은 위로를 받을 수 있었던 데는 이 책에 깃들어 있는 헨리 나웬의 영성적 통찰이 큰 도움이 되었습니다. 헨리 나웬이 왜 하버드와 예일의 교수 자리를 버리고 평생 장애우 공동체에서 섬김의 삶을 살다갔는지도, 어렴풋이 깨달을 수 있었습니다.

그런 의미에서 우리 부부를 그토록 따랐던 인애와 그 슬픔 속에서도 오히려 큰 은혜를 끼쳐 주신 홍은해 목사님과 사모님께 이 책을 바칩니다.

아무쪼록 이 책 〈묵상의 영성〉을 통하여 여러분의 영성도 더욱 깊고 풍요로워질 수 있기를 바랍니다. 주님의 아름다우심을 바라보며 가슴 절절한 기도와 신앙을 체험할 수 있기를 빕니다.

부디 세속의 때와 인생살이의 버거운 짐과 불안한 마음과 한숨 섞인 탄식을 모두 내려놓으십시오. 우리를 대신하여 상처 입으신 주님 앞에! 그리고 이제 조용히 침묵하십시오. 그리고 눈을 들어 주님의 아름다우심을 바라보십시오!

2002년 성령강림절에
치유와 돌봄이 있는 어느 묵상의 집에서
옮긴이

헨리 나웬●지은이
현대 영성신학과 영성실천의 모본으로서, 오늘도 전세계적으로 존경을 받는 헨리 나웬은 평생동안 40권 이상의 베스트셀러를 쓴 영성의 대가입니다. 특히 이 책〈묵상의 영성〉은 현재까지 18판이 인쇄되었으며, 전세계 15만명의 독자의 목마른 영혼에 지금도 심오한 영성의 불을 당기고 있습니다. 헨리 나웬은 노틀담대학교, 예일대학교, 하버드대학교에서 교수생활을 하기도 한 뛰어난 신학자였지만, 그 좋은 자리를 다 포기하고 낮은 곳으로 내려갔습니다. 1986년부터 1996년 9월 죽기까지, 헨리 나웬은 캐나다 토론토에 있는 라르쉬새벽공동체를 일구고 섬기면서, 정신 장애우들과 영생을 함께 나누었습니다. 마더 테레사 여사와 함께 세계 역사에 길이 남을 헨리 나웬의 실천적인 영성 생활은 지금까지도 우리 모두에게 많은 감동과 여운을 남겨 주고 있습니다.

심영혜●옮긴이
심영혜는 한국외국어대학교를 졸업하고 10여 년 동안 수원YWCA에서 청소년부와 출판홍보부를 섬겨 왔다. 현재는 두 아이를 키우며 치유와 돌봄이 있는 책들을 펴내는 데 힘쓰고 있다.

묵상의 영성

지 은 이	헨리 나웬
옮 긴 이	심영혜
펴 낸 날	2002년 7월 1일(초판1쇄)
	2002년 10월 1일(초판2쇄)
펴 낸 이	길청자
펴 낸 곳	아침영성지도연구원
등 록 일	1999년 1월 7일(제7호)
홈페이지	www.achimhope.or.kr
이 메 일	hbyh8588@chollian.net
총 판	생명의 샘(02-419-1451)

* 책값은 뒷표지에 표시되어 있습니다.
* 가까운 책방에 책이 없을 때에는 017-706-7235로 전화주십시오.

ISBN 89-88764-19-X

"치유와 돌봄이 있는 희망의 선교동산" **아침영성지도연구원**은 그리스도의 사랑과 희망 안에서 상처입은 이들의 영혼의 친구가 되어 온 세상에 영혼의 치유와 영혼의 돌봄 사역을 감당하고자 세워진 공동체입니다. **아침영성지도연구원**은 주님이 오실 때까지 여러분과 함께 이 사역을 계속하고자 합니다.